真宗伝道の教材

鎌田宗雲著

永田文昌堂

はじめに

この道は　親鸞もゆき　唯円も　召されてゆきし　われらゆかなむ

という梅原真隆の歌があります。布教使のよろこびは、この歌のように親鸞さまの教えを伝えながら、親鸞さまと同じお念仏の道を生きているという高揚感にあります。利井興弘が五十年の伝道生活をふりかえりながら、『香露の銘』の中で、

⑴無意識な嘘をいっておりはせぬか。
⑵味わいを深めるために、分析と綜合。
⑶誰でも知っている話で、誰もが気がつかぬ話を考える。
⑷誰にでも納得できる話を淡々とする。
⑸与えられた時間を正確に守る。

と真宗伝道の心得を述べています。浄土真宗の法話は新しいことや特別なことを伝えるの

ではありません。いつの時代もお念仏の教えは人々を導き心の支えとなり、生きる力となっています。大事なことは今の人に、どんな内容をどのように伝えているかです。おしつけの伝え方では教えが素直に伝わっていきません。心すべきはお聴聞の方々の感性や雰囲気をよみとりながら法味を伝えることです。私は利井師が示している(1)から(5)に布教使の真骨頂があると思っています。一方的な話にならないように気をつけながら、聴衆と意識を共有して、聴衆の心をひきつけるスキルを心身に磨いていくことが必要です。そのためにご法座にふさわしい真宗伝道の教材をたくわえておくことが大切です。

どなたかの真宗伝道の現場にお役にたてればと願い、永田文昌堂社主に相談して、私のノートからひろいだしたのが本書です。

合　掌

平成二十七年一月

鎌　田　宗　雲

目次

第一章　真宗伝道に使える話

真宗伝道余話

真宗伝道の教材

第一章　真宗伝道に使える話

⑴ 六番目の弟子

釈尊が最初に教えを伝えた人は共に修行をした五人の比丘（修行者）です。この五人が釈尊の最初の弟子になりました。釈尊が初めて説法した場所はベナレス郊外のサールナートの鹿野苑（ミガダーヤ）でした。釈尊の最初の説法を初転法輪《しょてんぼうりん》とよんでいます。初転法輪で五人の比丘たちは教えを真剣に聞かなかったようですが、だんだんと釈尊の一言ひとことを傾聴するようになって、ついには弟子入りをしました。五人の比丘がお釈迦さまの弟子になったことで、ブッダ（仏）・ブッダの教え（法）・サンガ（教団）の三宝《さんぼう》が整って仏教という宗教が正式に成立したのです。

この五人の比丘に続いて、釈尊の六番目の弟子になったのがヤサという青年でした。ヤサは初転法輪の直後にお釈迦さまに会いました。ヤサは豪商の息子で何不自由のない生活をしていたのですが、ある夜にふと目にした女性の寝姿に迷い苦しんでいました。悶々と悩むこの青年に出会って、釈尊は教えを説きました。ここで注意しておきたいのは、釈尊はまったく仏教を知らぬヤサに仏法を伝えたということです。聡明な青年のヤサは、釈尊の教えをすなおにうけいれ、釈尊に感服してついに出家をしました。このヤサの思いがけない行動が、ヤサの両親や妻に影響をあたえて、彼らはみな釈尊に帰依しています。このことが釈尊の教団発展に大きな影響をしているといわれます。というのは、彼らは出家の形をとらずに在家のままで釈尊に帰依して、釈尊の教団に財政的な支援をしたからです。やがてヤサの友人や知己たちが、次々と出家をしてきたので教団が次第に大規模になっていきました。

(2) 初めての尼僧

初の女性僧侶（尼僧）は誰でしょうか。それは釈尊の養母マハーパジャーパティー・ゴータミー（摩訶波闍波提《まかはじゃはだい》）です。実母のマーヤは釈尊を産んでから七日後に亡くなりました。そこでマーヤの実妹マハーパジャーパティー・ゴータミーが浄飯王（スッドーダナ）の正妃となり釈尊を養育しました。三十五歳で仏陀となった釈尊の教えに共鳴して弟子入りする人が多くなってきたのですが、釈尊は女性が出家して修行する困難を考え、女性の出家を認めませんでした。しかし、従兄弟で弟子のアーナンダ（阿難）の意見に心をうごかされて、ついにマハーパジャーパティー・ゴータミーなどの女性の出家を認めるようになったと伝えられています。このことは仏教教団に女性の修行者の集団（比丘尼サンガ）が成立したことを意味しています。

⑶祇園精舎エピソード

祇園精舎《ぎおんしょうじゃ》誕生の由来が『律蔵』（「小品」）にでています。釈尊の伝道の足跡は、二大国家のマガダ国とコーサラ国を中心に伝道をしていたことがわかります。二国家を中心にして仏教教団が発展しています。釈尊に心酔していたマガダ国のビンサーラ王は首都の王舎《おうしゃ》城《じょう》郊外の竹林を寄進していますが、ここに建てたお寺が竹林精舎《ちくりんしょうじゃ》です。竹林精舎のあるマガダ国とならんでコーサラ国がありました。コーサラ国の首都は舎衛城《しゃえじょう》ですが、ここにスダッタ（給孤独長者《きっこどくちょうじゃ》）という豪商がいました。スダッタは初期の仏教教団の発展に大きな功績を残している人物です。スダッタという名前は〈よく施した人〉という意味があるそうです。アナータピンディカ（孤独な人に食を給する人）と同じ趣旨の呼び名であるそうです。スダッタは釈尊の説法を聞いて、その教えや人柄にすっかりひきつけられました。そして、どうしてもコーサラ国の人々に、尊い教えを説いてもらいたいという願いが日増しにつよくなってきました。しかし、そのためには釈尊と弟子たちが宿泊して修行のできる場所が必要です。

コーサラ国王子のジェータ（祇陀《ぎだ》太子）が所有していたサーヴァッティー郊外の林園こそ説法を聞くにふさわしい場所だとスダッタは確信しました。この林園は現在のサヘート・マヘートとよばれている土地だろうといわれています。ここはネパールとの国境に近いオウドの北方九十三キロにあり、ラプティー河の左岸あたりに位置しています。

そこでスダッタはその土地を譲ってもらうように何度も交渉するのですが、太子は土地を売ってくれませんでした。ある時に、「この土地に黄金を敷き詰めた分だけを売ってもいい」と、半ば冗談でいいだしました。これを聞いたスダッタは、うれしくて黄金をこの土地に敷きました。驚いた太子は、スダッタに「どうしてこの土地がそんなにほしいのか」と聞いて、ようやくスダッタが懇望する理由を納得できました。そして、太子自身が土地の半分寄進しました。祇園精舎は正式には祇樹給孤独園精舎《ぎじゅきっこどくおんしょうじゃ》といいます。これは祇陀太子（ジェータ）の樹林に給孤独長者（スダッタ）が建立したお寺という意味があるので祇樹給孤独園精舎というのです。省略して祇園精舎といいます。祇園精舎のあったジェータの林園の跡を実測してみると、それはおよそ一万九千百七十坪という広大な土地であったといわれています。

釈尊が長く滞在したのは、ラージャガハとサーヴァッティーですが、雨季の安居を過ごすのはサーヴァッティーが多かったといわれています。そうですから、釈尊は祇園精舎で過ごすことが多かったのです。なお、スダッタ長者は五十四億金の富をだして精舎を建立し、毎日大規模な供養をしたので、晩年は資産が傾いたといわれています。

(4) 千二百五十人の弟子

『阿弥陀経』などの経典に千二百五十人という弟子の人数がでてきます。この人数はどこからきているのでしょうか。無論、経典によっては人数が違っているのですが、この千二百五十人が説法を聞く聴衆の数として一番多いと聞いています。

経典のなかに『長阿含経《じょうあごんきょう》』『中阿含経《ちゅうあごんきょう》』『増一阿含経《ぞういちあごんきょう》』『雑阿含経《ぞうあごんきょう》』という四阿含経がありますが、この『長阿含経』は阿難が対告衆《たいごうしゅ》となり、釈尊の説法の聞き手となっています。阿難が聞き手になって、「如是我聞一時仏在……」と説法がはじまるのですが、聴衆の数は千二百五十人です。この千二百五十人にはどんな意味があるのでしょうか。お弟子の数が六十一人の比丘になったときに、釈尊は伝道宣言をして一人ひとりが仏・法・僧の三宝を受持する者になったと宣言しています。

説法を聞いている千二百五十人という数は必ずしも比丘の数だけをいうのではなくて、釈尊が仏陀として世の人にその名が知られたという意味もあるともいわれます。この数字には釈尊の仏陀としての徳を挙げているという意味もあるようです。

しかし、もう少し千二百五十人の数字を具体的にみてみます。釈尊の弟子の中に三伽《さんか》葉《しょう》といわれる三人兄弟がいます。この三兄弟が釈尊の弟子になったいきさつが『仏本行集経』にでています。鹿野苑で最初の説法をした釈尊はマガダ国にひきかえしました。それはマガダ国と東隣りのアンガ国で多くの信者を集めていたカッサパ（迦葉《かしょう》）三兄弟を教化するためであったといわれます。三迦葉は尼蓮禅河のほとりに住んでいました。長兄のウルヴェーラ・カッサパ（優楼頻羅伽葉《うるびんらかしょう》）は外道の大論師でした。優楼頻羅伽葉は火を神秘と拝む拝火教であったといわれています。その彼が釈尊の教えを聞いて感激して五百人の弟子を連れて仏弟子になりました。そこで、彼は祭祀に使う道具を河に流しました。その河下に二百五十人の弟子をもつ二人の弟がいました。流れてきた兄の道具を見て、兄に何か災難があったのではと心配して訪ねてきました。兄が釈尊の弟子になった事情を聞いた弟二人は、それぞれの弟子と共に釈尊の弟子になりました。これで釈尊に一度に千人の弟子ができたのです。優楼頻羅伽葉は大論師（大仙人）といわれてた有名な知識人でした。三伽葉が釈尊の弟子になったのは、釈尊が成道して間もないころの三十五歳から四十歳の頃であったと推測されています。三迦葉とその弟子千人の入門は、釈尊の教団に大きなできごとでした。それまでのマガダ国の最大の教団がそのまま釈尊に入門したのですから、釈尊の仏教教団がインドで最大の教団になったのです。

これで千五百人のうちの千人なのですが、あとの二百五十人はどこからきているのでしょうか。その二百五十人は舎利弗と目蓮の弟子の数です。舎利弗と目蓮は師事していた師匠が亡くなり、次の師を見つけたらお互いに知らせる約束をしていました。ある日、舎利弗は出家者に出会い、その出家者は自分の師匠は釈尊であると言いました。そこで「釈尊の教えはどんな教えであるか」を聞きました。その出家者は自分には充分に説明できないが、「釈尊の教えは諸法は因縁によって生じていると説いている」と答えました。それを聞いた舎利弗は、この言葉に真理があると直観して、すぐに釈尊の弟子になったといいます。それから目蓮に連絡をとったところ、目蓮もすぐに釈尊の弟子になりました。そこで二百五十人の弟子が舎利弗と目蓮とともに釈尊の弟子になりました。先の三迦葉の弟子千人と舎利弗と目蓮の弟子二百五十人を合わせて千二百五十人という数がここに誕生したのです。舎利弗と目蓮は若くから名声があり、若手の天才と称せられていた人です。この二人が釈尊の弟子になったことで、釈尊は一躍世に知られるようになったと言われています。

(5)道安を知っていますか

インドから伝えられた仏教は中国では仏教と儒教をまぶした格義仏教《かくぎぶっきょう》でした。この格義仏教は仏教の根本が伝わらないから、どうしても純正仏教を中国の人に伝えたいと願っていたのが道安でした。道安は格義仏教では仏教の本質を知ることができないと、格義仏教を徹底的に排斥して純正な仏教を求め続けていた人でした。

道安はインドや中央アジアから渡来する僧侶に仏教教理を質問するのですが、どうしても満足できる答えが得られませんでした。その頃に中央アジアの鳩摩羅什《くまらじゅ》の噂を耳にして、早速に国王に招聘するように願い出ました。この頃は五胡十六国といわれている戦乱の時代です。国王は呂光将軍を派遣したのですが、国王の苻堅《ふけん》はやがて殺されて、前秦が滅びる事態がおきました。呂光は鳩摩羅什に会ったのですが、すぐには道安の願いが実現しませんでした。鳩摩羅什が長安の都に着いたのは、道安の没後から十五年が過ぎた時でした。

鳩摩羅什も道安の噂を聞いて是非とも会いたいと思っていたのですが、ながい戦乱がこの二人の願いを妨げたといえます。

道安の特筆すべき功績を挙げてみます。まず、仏教徒が釈の一文字を使うことを提唱したことは有名です。釈尊の教えを学ぶ僧侶は〈釈〉を姓とすると提唱したのです。自らも釈道安と名のっています。釈は仏弟子を意味して、釈を法名として最初に使った人が道安です。これまでは安《あん》とか支《し》とか竺《じく》などと出身国の名を姓としていました。道安の提案が仏教界に次第に受け入れられ、僧侶のすべてが釈と名のる時代がやってきました。これが法名に釈と冠する起源といわれます。ところが、よくよく調べてみると仏弟子に釈をつけるのは道安の独自の考案ではなさそうです。『阿含経』の中に、

　インドの四大河の水が海にそそげば、どの河の水も海水の一味となって河の名前をすてるように、どのような人も出家して僧侶になればすべての人が一味平等の釈子になる。

とある仏説にもとづいて、道安が提唱したともいわれています。

また、道安は出家僧侶の法衣を定めて戒律の規程を設けています。中国の出家者の威儀《いぎ》

や生活は在俗と変わりがなかったのですが、僧侶のスタイルをインドの出家者と同じようにしました。そのために規律を設けて多くの弟子を養成して、各地に散在している経典を弟子に集めさせてその整理をしています。その結果、後漢時代から西普時代までに漢訳された五百余部の経典目録の『綜理《そうり》衆経《しゅきょう》目録《もくろく》』を作製しました。この目録はこの種のものとしては最初のものだといわれています。

　また、道安の生きた時代はたくさんの仏典が漢訳された時代でした。『阿含経』の中の『中阿含経』と『増一阿含経』が漢訳されて、その序文を道安が書いています。たくさんの経典の翻訳がされていますが、道安はその指導的立場から序文を書いています。また道安は経典の註釈もしているのですが、難しい仏教教理は充分に理解ができないまま亡くなりました。彼はいつも兜率天《とそつてん》往生を願っていたのですが、その理由は死後に弥勒仏に会い、どうしても分からなかった教えを直接に弥勒仏から聞きたいという願いがあったからだといわれています。

　最後に道安が養成した弟子についてふれておかなければなりません。道安が養成した弟子たちが鳩摩羅什のアシスタントになり大きな貢献をしているからです。道安の没後に中国にやってきた鳩摩羅什は、道安が育成した弟子の協力を得ることができたからこそ、歴史に燦然と輝く仏典の翻訳をなしえたといえます。道安の弟子がいなかったならば、鳩摩羅什の偉大な業績は達成できなかったかもしれないといわれています。

(6) 鳩摩羅什

仏教経典は千数百年の長い時間をかけて二百人ぐらいの訳経僧《やっきょうそう》によって、六〜七千巻の仏教経典が中国で漢訳されています。とりわけ五世紀初めの鳩摩羅什《くまらじゅう》、六世紀中頃の真諦《しんたい》、七世紀中頃の玄奘《げんじょう》、八世紀中頃の不空《ふくう》を四大翻訳家とよんでいます。玄奘と不空の二人の翻訳数が圧倒的に多いのですが、中国や日本の仏教界に大きな影響を与えたのはまちがいなく鳩摩羅什です。鳩摩羅什が翻訳した経典から仏教の真義が初めて中国に伝わり、それが日本の仏教に多大な影響を与えました。

鳩摩羅什は省略して羅什《らじゅう》とよばれます。伝記によれば中央アジアの亀茲《きじ》（クチャ）国の生まれで、父は鳩摩羅炎《くまらえん》（クラーマヤーナ）、母は汁《じゅ》（ジーヴァー）といいます。鳩摩羅什を産むと母はしきりに出家を望みました。夫はそれを許さなかったのですが、鳩摩羅什が七歳の時に母は出家しています。そのとき鳩摩羅什は母と共に出家しました。彼は驚嘆するほどの記憶力があり、毎日三万二千字の千偈の経典を暗唱したと伝えられています。九歳の頃に母子はインドに行き有名な盤頭達多《ばずだった》という法師から雑蔵や『長阿含経』『中阿含経』などの小乗仏教を学びました。また、この頃の彼は外道と論争をしてうちまかすほどに成長しました。十二歳のときに故郷に帰り中央アジアを遊歴しています。その後には仏陀耶舎《ぶっだやしゃ》から『十誦律』を、須利耶蘇摩《すりやそま》（スーリヤソーマ）から『中論』『百論』『十二門論』などの大乗仏教を学びました。この修学によって「大乗の教えを知らなかった時は、小乗の教えが立派だったと思っていた。それは黄金を知らない者が真鍮をすばらしいと思っていたようなものだ」と述懐したと伝えられています。二十歳の時にに具足戒《ぐそくかい》を受けて一人前の比丘となりましたが、母はすでに修行を積んで阿那含《あなごん》の悟りを得ていました。インドに旅立つときに母は、「ぜひとも、正しい仏教を中国に伝えるよう」にと願ったといいます。彼の教化活動はだんだんと盛んになり、付近一帯にその名声が知られるようになりました。かつて小乗仏教を学んだ盤頭達多はこの名声を聞いてやってきたのですが、鳩摩羅什はかつての師に大乗仏教の教えを説きました。やがて、盤頭達多も大乗仏教を理解して、鳩摩羅什に師の礼をとるようになったといいます。毎年行っている鳩摩羅什の仏教講座に遠近の王たちが列席するようになってきました。この頃に道安が鳩摩羅什の噂を聞いて、道安を尊敬していた前秦王の苻堅《ふけん》に招聘をお願いしました。道安の熱心な要請をうけて、苻堅王は建元十八年（三八二）に将軍の呂光《ろこう》を鳩摩羅什のもとに派遣しています。呂光が鳩摩羅什と会ったときは三十歳でした。しかし、呂光は前秦が滅びたことを聞くと独立して後涼の王と名のり、しばらく鳩摩羅什を足止めさせていました。鳩摩羅什は中国行きを切望していたのですが、涼州に十数年過ごさなければなりませんでした。

こうした情況の中で、鳩摩羅什を慕う僧侶たちから情報を得ると同時に次第に中国語に精通していった鳩摩羅什でした。このことが後に経典を完璧なまでに漢訳することに役にたったことはいうまでもありません。中国は前秦から後秦が建国され、王の姚萇《ようちょう》は熱心な仏教信者でした。高名な鳩摩羅什を丁重に招聘しました。その夢が果たせずに姚萇は亡くなりましたが、その子の姚興《ようこう》が改めて遣いをだして迎えました。やっと念願がかなって鳩摩羅什が長安の都に着いたのは弘始三年（四〇一）の十二月二十日でした。この時に鳩摩羅什は五十歳を過ぎる歳になっていました。姚興は鳩摩羅什に国師の礼をもって処遇しています。長安の西明閣や逍遙園で経典の翻訳をしていますが、多くの経論をほとんど暗記していた鳩摩羅什でした。また、その義理にも精通していました。忘れてはならないのは、道安によって養成された優秀な僧侶によって経典の漢訳の手伝いがされたことです。彼らは鳩摩羅什から正しい仏教を教わりながら、経典漢訳の手助けをしました。鳩摩羅什は自在に漢文が読めたので、以前の漢訳の誤脱が見つかったときには指摘をしています。弘始三年から十一年までの八年の間にたくさんの仏典漢訳をしています。『大品般若経』『小品般若経』『法華経』『維摩経』『首楞厳経』『阿弥陀経』『弥勒下生経』『弥勒成仏経』『坐禅三昧経』『大智度論』『中論』『十二門論』『百論』『十住毘婆沙論』『成実論』など三十五部二百九十四巻という数多い漢訳をしています。

鳩摩羅什が中国にやってきたことによって、仏教界に純正な仏教教理がようやく伝わったのです。彼が漢訳した経典から龍樹教学の三論宗や四論宗の宗派が誕生しました。梁の時代に『法華経』の研究とともに成実宗がうまれ、随の時代に『法華経』と『大智度論』『中論』から天台法華宗が成立しています。

鳩摩羅什は経典漢訳や講義をする前に、いつも弟子たちに向かって、

あたかも汚い泥の中から美しい花が生じてきます。皆さんは臭い泥を見ないで、ただ蓮の花を取るべきです。

と言うのが口癖だったそうです。

余談ですが、鳩摩羅什の優遇された生活ぶりを批判して、彼から去る人がありました。それは国王の姚興が鳩摩羅什の学識や人格に心酔して、〈もし、鳩摩羅什が亡くなれば、彼の得難い資質が途絶えてしまう〉と心配し、無理矢理に美しい女性十人を彼の側においていました。鳩摩羅什は仕方なくこの処遇を受けいれていました。国王は彼のために別に官舎を建て住まわせました。法師の身で寺に住まないで、世俗的な生活をしていたことになります。その生活をこころよく思わない僧侶がでてきました。なかに『華厳経』を翻訳した仏陀跋陀羅《ぶつだばつだら》は持戒堅固な人物でしたから、鳩摩羅什は仏教徒にあるまじき生活をしていると批判をしています。そんな生活ぶりを見ている弟子からも嫌われるようになってきます。多くの弟子が南方の廬山《ろざん》の慧遠《えおん》のもとに行き本来の仏道修行をするようになりました。慧遠《えおん》は道安の高弟ですが、彼の後半生は廬山に三十四年こもって修行をしていました。

百二十余名の同志と有名な白蓮社《びゃくれんしゃ》を結んだ人としても有名です。毎日を坐禅に励んで念仏往生を願い、釈尊の遺躅を慕って日常生活は戒律規定を厳守している人でした。老齢になり病気が重くなった時に、弟子たちが体を心配して酒や米の汁を勧めたのですが断って亡くなったといわれています。慧遠は鳩摩羅什と教理について文通をしたことがあるのですが、戒行は厳格な僧侶でした。鳩摩羅什の弟子の中から、そんな生活をしている慧遠を慕って弟子入りをする者がたくさんあったといわれています。

(7) 三蔵法師

『西遊記』に登場する三蔵法師の三蔵は人の名前と思っている人がいるかもしれませんが、実はこの三蔵は固有名詞ではないのです。三蔵法師は一人だけでありません。三蔵はサンスクリット語のピタカを漢訳したものです。これは仏教のさまざまな文献の集大成を意味している言葉です。三蔵の三は仏教文献を経・律・論の三種に分類した数字です。この経・律・論の三蔵を翻訳した僧侶を三蔵法師というのです。経・律・論に精通している僧侶を三蔵法師と通称にするのはインドでも行われていたようです。

三蔵法師の呼び方は『出三蔵記集』十四の「求那跋摩《ぐなばつま》・僧伽跋摩伝《そうがばつまでん》」に出ているのが初めてのようです。南北宋以後には三蔵法師の通称は一般化しています。北周では昭玄三蔵・周国三蔵など僧官の名称に用いられたこともありました。三蔵法師は『歴代三宝紀』以後に頻出しています。八世紀末には三蔵法師の通称が中国訳経の高僧に使われ、さらには以前に遡って用いられるようになっています。なかでも有名なのが玄奘《げんじょう》です。法顕は玄奘よりも以前の四世紀末に、中国から西域・インド・スリランカなどを十四年にわたって旅をして多くの経典を中国に持ち帰って漢訳をしています。

また、『西遊記』に登場する三蔵法師は玄奘がモデルだといわれています。彼は唐の貞観三（六二九）年冬に長安を出発し、西域の諸国を歴遊してインドに行き、たくさんの仏像や経典をもち長安に戻り、その後は経典の漢訳をしています。当初、玄奘は何人かの同志とインドへの歴遊を望んでいたのでしたが、唐の王朝はこれを許しませんでした。仲間が一人・二人と去っていくなかで、二十八歳の玄奘は一人でインドへ向かいました。過酷な自然を乗り切るだけの強靭な肉体はいうまでもありませんが、むしろそこまで玄奘を駆り立てた求法と強靭な精神力に驚愕をせずにはいられません。そして彼がもたらし漢訳した数々の典籍がとりもなおさず三蔵でした。玄奘の漢訳した三蔵が後の人の求法の道しるべとなったのです。玄奘の訳出した三蔵の多くは大蔵経から読むことができます。いってみるならば三蔵法師という呼び名は単なる訳経僧という意味だけのものではないのです。求法の精神に溢れ、人々にその依るべき手がかりを示した玄奘にふさわしい名称であるように思います。そう考えてみると三蔵法師イコール玄奘と人々が思い浮かべることに納得できるような気がします。

(8) 日本人唯一の三蔵法師

日本人でただ一人の三蔵法師の称号を与えられた人がいます。その人は霊仙《りょうぜん》といいます。滋賀県の米原の人なのですが、実像は多くの謎につつまれています。霊仙は米原の枝折付近で息長氏丹生真人一族の家系と伝えられています。七五九年に生まれて、滋賀県と岐阜県にまたがっている霊仙山は霊仙三蔵が幼年時代に修行していた霊仙寺があった山です。しかし、その場所については現在は分かっていません。その後七七三年に奈良の興福寺で修学して、八一一年に唐に遣唐留学生として渡りました。霊仙は三十四歳の時に行賀とともに、光仁天皇の勅をうけて入唐して、一度は帰国したのですが、空海や最澄が渡唐する一年前に再び入唐しています。霊仙は梵語を習得していたので、入唐当初から憲宗皇帝に認められ優遇されていました。その後『大乗本生心地観経』の受筆ならびに訳語の重責を果たしたので三蔵法師の称号を贈られました。この時期から霊仙の運命が大きく変わりました。それは霊仙の後ろ盾となっていた憲宗皇帝が暗殺されたからです。このことで霊仙の身辺に危険が忍び寄るのですが、当時の中国仏教界での霊仙にたいしては好意一辺倒ではなかったことを思わせる出来事が起きました。身の危険を感じた霊仙はやがて五台山に逃れました。その地で仏教研究を続けるかたわらに帰国の時期を待っていました。しかし、霊仙の再三の帰国願いが許されず、八二七年に五台山霊境村の霊境寺で亡くなり、定かではありませんが、霊仙の死亡は巷間で毒殺されたと伝えられています。それは霊仙が三蔵法師の称号を授かったことを聞いた嵯峨天皇・淳和天皇が、それぞれに勃海《ぼっかい》僧《そう》真素《しんそ》に黄金百両を贈ったことによります。しかし、真素が彼を訪ねた時は、住坊の霊境寺の浴室院で毒殺された後でした。毒殺の原因は異国の僧であった彼の才能にねたみをもつ者の仕業であろうと伝えられているのですが、その真相はわかりません。

滋賀県の石山寺で、京都大学内藤湖南が発見した『大乗本生心地観経』の巻頭に、「醴泉寺日本国沙門霊仙筆受並訳語」と記されています。筆受とはサンスクリット語と中国語に熟達したものが、サンスクリット語を耳に聞き、直ちにその音をそのまま中国音に写しかえることだそうです。訳語とは中国音に写したものを漢字に翻訳することです。そうですから、筆受と訳語はサンスクリット語と中国語に通じたものでなくではできない仕事です。学僧が雲のように多く集まって学問していた唐の時代の訳経場のなかで、重責をうけもっていた霊仙の立場を知ることができます。

(9) 経典の編纂

キリスト教に聖書があり、イスラム教にコーランがあり、仏教に経典があります。その経典ですが、釈尊在世のときには経典は存在していません。その理由についていろいろと調べたのですが、明確な答えをえられませんでした。どうやらこれにはインド人の習性が影響しているようです。当時のインド人は大事なことは記憶して文字に残さない習慣があったみたいです。私たちが経典といっているものは、釈尊の没後に成立したものばかりです。これから経典の基礎的知識をおおまかに述べておきます。

まず、釈尊はどんな言葉で説法したのでしょうか。インドの国は多数の民族が存在して、それぞれの民族がさまざまな言語で生活していました。その中で釈尊は古代マガダ語で教えを説いたといわれています。釈尊の没後に経典が編纂されて、いつしかサンスクリット語、パーリ語、チベット語の三種類に経典がまとめられて伝わっています。日本の経典は三蔵法師によって中国語に漢訳されている漢訳経典です。日本は漢訳経典を日本語に翻訳しないで漢訳経典をそのまま読誦をしています。

次に誰が経典を編集したのでしょうか。経典は釈尊在世のときには存在してません。経典のすべては釈尊没後に成立したものです。釈尊が入滅してからその衣鉢《いはつ》をうけついだ摩《ま》訶《か》迦葉《かしょう》は阿羅漢《あらかん》の五百人を召集しました。それは釈尊の教えを確認する結集《けつじゅう》といわれる経典編纂会議するためです。第一回目の結集は釈尊の説法を記録していません。教えの内容に食い違いがないかをお互いに確認しあっただけでした。釈尊が入滅してから数百年後の紀元前一～二世紀ごろの結集で、釈尊の説法が初めて文字で記録されました。ただこれは小乗仏教の教えをまとめた経典です。よく知られている大乗仏教の経典は釈尊の教えそのものではありません。この事実におどろく人があるかもしれません。後世の仏教徒が、釈尊の真意を探りながら系統立てて説いて成立したのが大乗経典なのです。

どうして経典が成立してきたのでしょうか。その理由は簡単です。釈尊の教えを正しく伝えるためです。インドの言葉を漢字に翻訳する仕事をしたのが三蔵法師とよばれる人たちです。この三蔵法師によって釈尊の教えが現存されているのです。日本に経典が伝わってきたのは遣隋使や遣唐使として中国に留学した僧侶がもちかえったからです。

最後に経典はどのくらいあるのかと問われるととまどいます。それは釈尊の教えは八万四千の法門といわれて、正確な数字はと聞かれれば不明としかいいようがないのです。経典の種類を内容別、教義別、時代別に分けると経典の理解が容易です。内容別は経・律・論の三蔵です。経典は釈尊の教えをまとめたもの、律は仏教教団の戒律を規定したもの、論は後世の仏教学者が解釈や研究したものをまとめたものです。教義別には小乗仏教の小乗経典、大乗仏教の大乗経典、密教の密教経典と分けたものです。このなかで密教経典は大乗経典の部類に入っていますが、内容は密教の奥義《おうぎ》を説いている経典です。時代別は経と律の原始経典、大乗経典は般若経典、法華系経典、華厳系経典、浄土系経典などです。さらに釈尊の入滅の前後を説いている涅槃系経典とか密教系経典などの種類に分けます。

⑽経典の説者

経典は誰が説いたものなのでしょうか。こんなことを言うと、変に思う人があるかも知れませんが、経典の歴史が理解できると仏教の教えが自然とわかってきます。

さて、よく知られている原始経典に『阿含経』があります。これは釈尊の説法を記録したものです。釈尊の説法をまとめているものが経典と思うのですが、厳密に言えばそうではないのです。なぜかというと、経典の中には釈尊の弟子の説法が含まれているからです。パーリ伝では八万四千の法門の中の八万二千は釈尊の説法、あとの二千は仏弟子の説法といっています。龍樹の『大智度論』巻二のなかに①仏自口説、②仏弟子説、③仙人説、④

諸天説、⑤化人説と仏の説者を示しています。このように経典には五種類の説法者があるといわれます。

釈尊以外の教説が経典だと言えるのはどういう意味なのでしょうか。それはその教えが正しい説法として釈尊に認められているということです。すなわち、仏陀の教えによって真実に目覚めた人は、釈尊と同じさとりの境地なので仏陀なのです。この事実が仏教の特色です。釈尊の直接の説法ではありませんが、仏陀の説法として残っているのです。釈尊の説法によって真実に目覚めて仏陀となった弟子の説法は、釈尊が説法したのと同じとみるのです。釈尊が説法した言語（古代マガダ語といわれています）で伝えている経典は存在していません。釈尊の教えはサンスクリット語、パーリ語、チベット語で経典として南伝仏教と北伝仏教として伝えられています。

釈尊の入滅から二百年余りが経ったアショカ王の時代に初めて経典が成立しました。最初は貝葉《ばいよう》といわれる経典なのですが、これは棕櫚科《しゅろか》の植物（多羅樹）の葉に仏陀釈尊の説法が記されています。紙が世に出回るようになると、紙に記録されるようになってきました。ネパール写本で悉曇文字《しったんもじ》で書いてあるのが発見されていますが、古いものはすべて貝葉に書かれています。ナーガリー文字の新しい写本はすべて紙に書かれています。古くは大乗経典の貝葉写本《ばいようしゃほん》に見られるように、筆に墨をつけて書いているものばかりです。後代の紙の写本にも同様のものを見ることができます。ところが、南方仏教のパーリ語の貝葉経典のすべては鉄筆で文字を刻んで、墨をぬってから表面をふいて文字を浮き出す様式がとられています。

経典には一定の形式があります。どんな経典も如是我聞と始まり、何時・誰から・何処で・誰と一緒に聞いたということが最初に説かれています。これを六事成就《ろくじじょうじゅ》（信成就《しんじょうじゅ》、聞成就《もんじょうじゅ》、時成就《じじょうじゅ》、主成就《しゅじょうじゅ》、処成就《しょじょうじゅ》、衆成就《しゅうじょうじゅ》の六つの成就）と専門的に言います。六事成就は経典に必要な六つの条件と理解すればいいです。言いかえると、この六事成就がないと経典とは認められないのです。この六事成就に続いて経典の本論が説かれているのが経典の一般的なスタイルです。

さて、経典の初めに「如是我聞（このように私は聞きました）」と言っているのは誰でしょうか。伝統的な解釈で言えば阿難です。釈尊の入滅直後の第一結集のときのことです。阿難は釈尊の従兄弟ですが、弟子になってからの後半生の二十五年はいつも釈尊のそばで聴聞していた弟子です。記憶力にすぐれていた阿難は釈尊の説法のすべてを覚えていました。そこで第一結集の時に教えのすべてを誦出しています。阿難が釈尊の説法を思い出して、「私はこのように釈尊から聞きました」と誦出したのが如是我聞一時仏という箇所です。これを聞いた大衆が、阿難が述べることに間違いがないと賛同をしています。このプロセスを経て経典と認められたのです。

釈尊滅後に開催された釈尊の説法の確認する編纂会議を結集《けつじゅう》といいます。現在の経典は何回かの結集を経て整備されてきたものです。釈尊の入滅から数百年間の間に少なくとも四回の結集があったようです。第一回目の結集は次のような事情がありました。釈尊が今にも臨終が近いのではないかと心配していた摩訶迦葉は、南方のマガダから五百人の弟子をつれて北方を旅していました。釈尊の弟子の双璧といわれた舎利弗と目蓮はその前年に相次いで亡くなっています。摩訶迦葉は舎利弗と目蓮に次ぐ立場にいた人です。それで摩訶迦葉が釈尊の衣鉢を受け継いで、釈尊の安否を気遣いながらパーバァーの町に到着しました。釈尊の入滅を知らされて多くの弟子たちが嘆き悲しみました。すでに悟りを開いていた人は悲しみを必死にこらえていましたが、まだ悟りに達していない人たちは悶え悲しんでいました。この様子を見ていた一人の晩年僧（晩年になって出家した人）が破戒無慚の言葉を発しました。これを聞いた摩訶迦葉は「もしも、このような破戒無慚の比丘が多くなったならば、釈尊の教えはやがて滅びてしまう」と心配して、今のうちに教えを整理しておく必要があると考え正法の結集をする決心をかためました。そこで釈尊の葬儀の後に大衆を集めて正法結集の動議をして、五百人の阿羅漢《あらかん》を選びました。結集の場所はマガダ国の首都の王舎城郊外の七葉窟で三ヶ月後の雨期の時期に開催すると決めました。この結集には阿羅漢のさとりを得ている人が招集されたのですが、阿難だけが阿羅漢のさとりをまだ得ていませんでした。阿難は結集の開催前日の就寝前に悟りをひらいたと伝えられています。王舎城郊外の七葉窟《しちようくつ》に招集された五百人が集まり仏説の編纂会議が始まりました。この時は摩訶迦葉が議長となり、阿難が釈尊の説法を誦出し、律を優波離《うぱり》が誦出しています。この時に阿難が発言した「私はこのように仏陀釈尊から聞きました（如是我聞）」という言葉が、すべての経典の初めにつけられるようになりました。第二結集は第一結集からおよそ百年後です。この結集は王舎城の北西へ約百二十キロ行ったガンジス河対岸のヴァイシャーリーです。七百人が集まったので七百結集といわれています。この結集は〈現金のお布施を受け取ることの是非について、布施の食物に塩をかけて味をつけてもいいのかについて、有力な信者から食事の招待をうけてもいいのかについて〉などの十項目の討議がされたといいます。第三結集は第二結集からおよそ百年後に開いています。マウリヤ王朝第三代のアショーカ王（阿育王）の援助で開催されています。場所は首都のパーラリプトラ（華氏城《かしじょう》）で千人の比丘が集まったので千人結集ともいわれています。モッガリプッタ・ティッタ長老が議長をしています。第四結集は西暦以後でAD二世紀でした。クシャナ王朝第三代のカニシカ王の援助で開かれました。北インドのカシミールに五百人の比丘が集まりました。パールシュヴァ尊者が議長で経・律・論の三蔵の編纂が行われたといわれています。なお、第三・四の結集についてですが、南伝仏教と北伝仏教では年代が一致していません。討議された内容についても諸説に分かれて定かではありません。この第四結集の頃に大乗仏教の新しい波が部派仏教に急激にせまってきている時代でした。部派仏教は教理の体系化などの議論が形式化して、修行や教化の実践がおろそかになっている傾向にあった時代でもありました。

⑾経典

どんな意味が経典にあるのでしょうか。経典をサンスクリット語（梵語）でスートラといいます。このスートラはバラモン教やジャイナ教でも使っている言葉です。経には〈いとすじ・たていと〉の意味があります。一本の糸にいろいろな花を通し花輪にして首にかけるように、インドの人は短い文句を並べ連ねたものをスートラと言い読誦していました。スートラを中国の仏典翻訳家が経という漢字にあてはめたのです。反物の横糸に縦糸が通っていて横糸が落ちないことから、スートラを経と漢訳したのです。経典はまた修多羅《しゅたら》とも言います。いわばバラモン教のスートラ形式を仏教が採用した形になっています。そうですから、初期経典は散文形式の簡単な経説だけを指す言葉でした。

ところが釈尊の教説は多義にわたっています。その説法の形式や内容から九部経《くぶきょう》（九分教）や十二部経《じゅうにぶきょう》（十二分教）と分類します。九部経は釈尊の教えを⑴経《きょう》（修多羅《しゅたら》）、⑵重頌《じゅうじゅ》（祇夜《ぎや》）、⑶問答（記別《きべつ》）、⑷詩偈《しげ》（伽陀《かだ》）、⑸感興偈《かんきょうげ》（優陀那《うだな》）、⑹如是語《にょうぜご》（本《ほん》事《じ》)、(7)本生物語《ほんじょうものがたり》(本生)、(8)歓喜問答《かんぎもんどう》(方広《ほうこう》)、(9)未曾有法《みぞうほう》と分けたものです。十二部経は九部経に(10)尼陀那《にだな》(因縁《いんねん》)、(11)阿婆陀那《あばだな》(譬喩《ひゆ》)、(12)優婆提舎《うばだいしゃ》(論議《ろんぎ》)の三を加えたものです。そうですから経典はこの分類のひとつにすぎません。それ以外のものは経典とは言っていません。

今日ではこのような狭い意味に経典を理解をしません。釈尊の説法のすべてを経典といい、九部経や十二部経のすべてを経典と理解しています。時代がさがるとすべてを経蔵と言うようになりました。経蔵は経典の集録という意味です。その後に大乗経典が成立してきました。経典を集めたものを経蔵といいますが、それ以外に律蔵があります。これは出家教団の生活規則を定めた戒律を集めたものです。この律蔵は経蔵と並んであります。釈尊の滅後に仏説を論理的に整理した阿毘達磨《あびだつま》が成立し、これを論蔵(阿毘達磨論)といいます。原始仏教から部派仏教の時代になると、経蔵・律蔵・論蔵が仏教の法宝とされて三蔵とよばれだしました。仏教聖典の全体をまとめて一切経とか大蔵経と言います。

⑿経典の歴史

漢訳経典が出揃うのは七世紀の玄奘以後です。密教経典が具備されたのは、それから百年後の唐時代の中期頃です。大乗仏教と小乗仏教の重要な経典が一応出揃うのは鳩摩羅什から三〜四十年後の五世紀中頃とみます。小乗経典の『阿含経』は『中阿含経』『増一阿含経』は鳩摩羅什より前に漢訳され、鳩摩羅什以後に『長阿含経』『雑阿含経』が漢訳されて四阿含が揃いました。また、小乗の律蔵は鳩摩羅什が『十誦律』を漢訳して『四分律』『五分律』『摩訶僧祇律』の四種の律蔵が完全に揃いました。

『華厳経』など大乗経典の重要な経典の多くが鳩摩羅什によって漢訳されました。もちろん、鳩摩羅什以前にも多くの大乗経典が翻訳されています。『法華経』『維摩経』『無量寿経』『華厳経』などは初期の大乗経典ですが、これらは三世紀までに訳出されています。鳩摩羅什没後に中期大乗経典が翻訳されています。法顕《ほっけん》と仏陀跋羅《ぶっだばつら》共訳の『大般泥洹経《だいはつないおんきょう》』、仏陀跋羅の『大方等如来蔵経』、曇無讖《どんむせん》の『大般涅槃経』『大集経』などです。五世紀中頃に求那跋陀羅《ぐなばつだら》が翻訳した『勝鬘経』『楞伽経』などが大乗経典中期の漢訳の経典です。

ところで、中国で仏教教理が正しく把握されるようになったのは鳩摩羅什の翻訳のおかげだといわれます。鳩摩羅什以後の南北朝には今までに知られていなかった中期の大乗経典が訳出されています。多くの経典が漢訳されてくるのですが、その内容をみると次第に問題が出てきました。それは経典の内容が多義にわたってさまざまに説かれているからです。内容を検討すると諸経典の内容には反対の説や矛盾する説が少なくありません。

そこで、〈仏説なのに、どうしてこんなに矛盾する教説があるのか〉という問題が浮き彫りになってきました。仏説の矛盾をどのように解決するかが、だんだんと重要な問題となってきたのです。それを解決する手法として教相判釈《きようそうはんじやく》が考えられました。

⒀仏説の解釈

ここで南北朝時代の教相判釈について言及しておきたいと思います。数多くの大乗経典が翻訳されてきたのですが、それぞれの経典に説いている教えを検討すると矛盾している内容があることに気づきました。そこで仏説をどのように理解していくかいうことが課題になり、教相判釈という手法が考案されました。

仏説にどうして矛盾や相違している内容があるのかについて整理すると、

(1)釈尊の教えは聞く人の智慧の優劣や機根《きこん》の利鈍によって教えを説く対機説法《たいきせっぽう》であることに起因しています。これは病人の症状に応じて薬を与える医者のように、相手の苦悩に応じて教えを説いた応病与薬の釈尊の説法であったとみる見方です。

(2)釈尊はひとつのことを説いているが、聞く人によって受け止め方が違うからさまざまに説いているという見方です。人はその人の智慧とか経験とか機根によって同じ話を聞いても受け止める内容に違いが生じています。このことを『維摩経』に「仏は一音をもって法を演説されるが、衆生は類に随っておのおの異なった理解を得る」と説いています。

このように二点にまとめることができます。しかし、南北朝の時代は、釈尊は人々の能力に応じて色々と説法されているという第一の解釈を採用しました。そこで利根《りこん》の人には頓教《とんきょう》を説き、鈍根《どんこん》の人には次第に高度な教えに導く漸教《ぜんきょう》が説かれたとみる頓漸《とんぜん》二教《にきょう》の教判が生まれました。それが三時教、五時教と煩雑な教相判釈として南北朝時代に説かれました。龍樹の『大智度論』の中に教理解釈の標準とする四悉檀《ししったん》が説かれていますが、それは世界悉檀《せかいしったん》、各各為人悉檀《かくかくいじんしったん》、対治悉檀《たいじしったん》、第一義悉檀《だいいちぎしったん》の四です。第一の世界悉檀は釈尊が仏教的な考えのできない人のために世間的なことを説いたとする説です。第二の各各為人悉檀は相手の智慧や機根《きこん》や性格・欲求の相違によって、それぞれ人に応じた教えを説いたとする説です。第三の対治悉檀は衆生の煩悩を断ち切る対症法を説いたとする説です。有に執着する人には無を説き、無に執着する人には非有非無の中道を説いて無をも捨て去らせるのです。同じ仏教のなかに正反対の教えがあるのはそのためです。第四の第一義悉檀は信仰心の深い利根の人に仏教の第一義的な深遠な教えを説いたとする説です。この第一義悉檀が仏教の最終目的です。しかしながら、これは鈍根・初歩の人にいくら説いても理解されていないので、その人にとっては価値がないといえます。ともあれ、経典には多くの人々を理想的に真実の教え導くために矛盾する教えが説かれているので、教相判釈の手法を通じて教理の矛盾や相違の理由が理解されるようになり、釈尊の真意がわかるようになったのです。

⑭ 教相判釈

釈尊は対機説法《たいきせっぽう》をしているので、その教えを比較すると教説の矛盾がでてくることがあります。それを解決する手法として教相判釈の方法が考えられました。教相判釈を省略して教判《きょうはん》ともいいます。仏説でありながら異なった教えを説いてあることがあるのですが、その異なった教えを会通《えつう》する方法が教相判釈です。会通の言葉になじみがない人があるかも知れませんが、仏教を勉強しているとよくでてくる言葉です。会通はお互いの異説の深《じん》意《い》を読みとって双方教えを融和して理解するという考え方です。しかし、後の時代になると教相判釈の性格が変化してきています。

南北朝の教相判釈は釈尊一代の説法を経典ととらえて、お互いの教えが矛盾しないように解釈しています。ところが、随・唐の時代になると変化が起きました。随・唐の時代の教相判釈は経典の価値批判ともいうべき性格へと変化してきたのです。自分の宗旨が拠り所としている所依の経典が最上の教えであると論証するのが教相判釈と質的に変化をしたのです。この教相判釈によってインドには存在していない開祖をもつ宗派が中国で成立しています。天台宗の五時八教《ごじはっきょう》、華厳宗の五教十宗《ごきょうじゅうしゅう》、真言宗の十住心《じゅうじゅうしん》などは自宗が最上の教えであると論証している教相判釈です。

どうして中国で宗派が成立してきたのかについては諸説があります。そのなかで国民性と文化の特質から宗派ができたという説があるのですが、私にはこれが落ちつきます。仏教は最初は修行の法でしたが、次第に国家の管理・統制下に置かれるようになり、次第に宗派が成立してきています。最初は六世紀後半に智顗《ちぎ》が創始した天台宗ができ、次第に三論宗、法相宗、華厳宗、真言宗、律宗、禅宗などの各宗ができました。

⑮漢訳経典

インドの言語が中国語に翻訳されたのは、中国に仏教が公伝された後漢明帝の永平十年と言われています。金人（仏像）の夢を見た明帝は使者を西方に遣り、それでインド・中央アジアから迦葉摩騰《かしょうまとう》や竺法蘭《じくほうらん》などが渡来しています。訳経僧《やっきょうそう》の彼らは洛陽の白馬寺に住んで『四十二章経』などを漢訳しました。永平十年のことです。現存する最古の漢訳の経典は二世紀の中頃に渡来した安世高《あんせいこう》や支婁迦識《しるかせん》が翻訳したものです。安世高の漢訳経典は小乗仏教です。これに対して支婁迦識は大乗仏教を主として漢訳をしました。安世高は安息国の皇太子でしたが、王位につくことをきらって叔父に王位を譲り出家した人です。安息国は小乗仏教が盛んでしたから、安世高の翻訳は小乗仏教のものが多く、支婁迦識の出身の月氏国は大乗仏教が盛んで、支婁迦識の翻訳は大乗仏教のものが多いです。

二世紀の後漢時代から三世紀の三国時代に多くの経典が漢訳されています。それらは中央アジアの人々や帰化人が翻訳した経典でした。中国人にとって異質文化のインド思想は容易には理解できませんでした。そこで中国人には仏教独特の用語や教理が理解できなかったのです。三世紀頃までの漢訳経典は釈尊の修業を中心とした本生譚の『六度集経』『生経』『菩薩本縁経』などです。また、『譬喩経』『法句経』などがあります。これらの経典は仏教を通俗的に知るには役にたったのですが、根本的な仏教教理になると中国人には理解ができませんでした。そこで仏教の考え方と多少の類似点がある老荘思想を取り込んで仏教教理を解釈しようとする格義仏教《かくぎぶっきょう》がうまれています。やがて、仏教としてこの格義仏教が中国で盛んになりました。しかしながら、この格義仏教は仏教の本質からいえばほど遠いものでした。

⒃漢訳経典のむずかしさ

釈尊の説法をインドの言語から三蔵法師によって中国の言語に翻訳されたものが現在の漢訳経典です。この経緯について少しふれておきます。インドの言語を中国の言語に翻訳するのは大変な苦労があったといわれます。それはインドと中国の言語が全く違う言語系統にあるからです。また、インドと中国の思想・文化には大きな相違があり、経典の言葉や概念で中国にはないものが多くあったからです。インド人の考え方や表現を中国人が理解するには高いハードルがあったのです。そこで仏典翻訳家として有名な玄奘は、次の五《ご》種《しゅ》不《ふ》翻《ほん》を言い、インド言語を無理に漢訳をしないで音訳をすることを勧めています。

(1)「秘密の故に、陀羅尼の如し」であるから漢訳しないで音訳をする。この例として真言とか陀羅尼のすべてが音訳となっています。この理由は無理に翻訳しても表面だけのことだけしか伝わらず、翻訳するとかえって真意を失うからです。

(2)「多義を含む故に、婆伽梵が六義を具するが如し」であるから漢訳せずに音訳をする。インドの言語は一語のなかに多くの意味を含んでいます。一つの意味だけに漢訳すると他の意味が失われます。そこで義訳をさけて音訳をする。この例としてここにいう婆伽梵に具祥者、破壊者、具瑞者、分別者、受習者、彷徨棄捨者と六の意味があるから漢訳しないといっています。

(3)「ここに無きが故に、閻浮提《えんぶだい》の如し」であるから漢訳せずに音訳をする。この例として閻浮提とか舎衛城のように、中国に存在していない植物・鉱物・動物・地名などは音訳せざるをえない。

(4)「古えに順ずるが故に、阿耨菩提《あのくぼだい》の如し。翻訳すべからざるにあらざれども摩騰《まとう》以来常に梵音を存す」であるから漢訳せずに音訳する。この例として阿耨菩提のように無上道とか無上覚と義訳できる言葉がある。しかし、習慣的に音訳している言葉であるから、その習慣に倣って音訳される場合がある。

(5)「善を生ずるが故に、般若の如し」であるから漢訳せずに音訳する。この例として般若を智慧と漢訳すると軽く聞こえるから翻訳せずに音訳する。これによってその言葉の尊重があらわれるというのです。

以上が玄奘が音訳をするべきと勧めた理由です。また、道安も言葉によっては漢訳しないで音訳すべき五失三不易《ごしつさんふい》を主張しています。それを列記しますと、

(1)インドの言語と中国語は語句の配列が逆になっているから音訳をすべきである。

(2)インド人は質実を尊ぶが、中国人は美文を好む傾向がある。文章を飾らなければならないから音訳をすべきである。

(3)インドの言語はその趣旨を徹底させるのに同一の文をくり返すが、漢訳の場合はくり返しはすべて省略しているから音訳をすべきである。

(4)梵文は本文中に長い註釈文を挿入することがあって文脈が通じないようにみえることがある。しかし、注意すれば決して不都合がない文章になる。ところが、漢訳ではこれらの挿入文は省略するのが普通であるから、梵文の詳しい意味が失われるおそれがあるから音訳をすべきである。

(5)梵文は一応説明が終わっても、次にそれをくり返すことが多くある。しかし、漢訳はこ

の反復はすべて省略しているので音訳をすべきである。

この五失を指摘して音訳すべきと主張しています。三不易は次のものです。

⑴梵文は優雅な古文でも、漢訳は近代的に平凡な文章に翻訳しなければならないこと。

⑵内容的に梵文に昔の微妙なことが説かれていても、漢訳は世俗に合うようにしなければならないこと。

⑶法を知らない者が経典を軽率に無思慮に翻訳していることです。

⒄最初の大蔵経

唐の時代までの経典はすべて書写する方法でできたものでした。経典を一つひとつ書き写す作業は実に大変な時間と労力のいる作業でした。それが時代とともに大蔵経は書写から出版へと技術革命がなされています。

最初の大蔵経は蜀版《しょくはん》とか北宋官版《ほくそうかんはん》といわれるものです。宋の太祖の勅命で開宝五年（九七二）に板木を製作して、十一年後の太平興国八年（九八三）に板木十三万枚の大蔵経が完成しました。この蜀版を九九〇年に高麗の成宗が一部をゆずってもらい、この蜀版を基にして後に高麗版大蔵経が作られました。

ところが、十二世紀の初めに福州東禅寺版の大蔵経が刊行されました。この東禅寺版は東禅寺の住職が六代続いて三十三年もの長い時をかけて刊行した民間事業でした。東禅寺版の特徴は蜀版と較べると形式も内容も全く異なっているものでした。また、今までの写本の大蔵経は巻子本《かんすぼん》という一巻づつを軸に巻いて保存する形式でした。蜀版も巻子本の様式なのですが、東禅寺版は折本《おりほん》の様式になっているのが特色です。中国の宋の時代から元の時代にかけて、南北の土地で大蔵経の刊行が十回ほど行われたようですが、戦乱のために大蔵経のほとんどが失われています。

そこで、明の太祖が東禅寺版の系統の大蔵経を刊行しました。この大蔵経を明の南版と言います。しかし、この大蔵経は誤脱が多く、明朝三代の成祖がこれを訂正して刊行しました。これが明の北版といわれるものです。南版・北版ともに折本で読むのも不便でした。この両版の不便を補う私版が、武林版《ぶりんばん》や楞厳寺版《りょうごんじばん》の大蔵経です。後者は万暦十七年（一五八九）に刊行されたので万暦版大蔵経とよばれています。日本の黄檗版大蔵経はこの万暦版大蔵経をそのまま復刻した大蔵経です。

⑱日本の大蔵経

中国にならって日本でも大蔵経が刊行されました。明治時代以前のものには天海版と黄檗版があります。天海版は天海僧正の発願によって寛永十四年（一六三七）に寛永寺でその作業がはじめられました。天海没後の慶安元年（一六四八）までの十二年をかけて刊行されたものです。この天海版は一般に普及していません。徳川時代に伝わった中国の万暦版の大蔵経は仏教界の需要に応えられない内容でした。それに不便を感じた黄檗宗の鉄眼禅師が大蔵経を刊行する決意をしました。黄檗山・万福寺の境内に法蔵院を建てて版木の貯蔵庫をつくり、京都に印房を置いて経典を刻んでいました。この費用は大名や民衆から寄付を募ったものでした。相次ぐ飢饉で飢餓している民衆を見るにしのびず三回も救済のために募金を投じたために遅々として事業が遂行できませんでした。やっとのことで寛文九年（一六六九）から天和元年（一六八一）の十三年間をかけて大蔵経を刊行できました。

この黄檗版の大蔵経が刊行されて仏教研究者は多大の便益を得たのでした。

明治時代に入ってから徳川時代の大蔵経の内容を比較検討をしながら、新しい大蔵経の研究が始められました。高麗版の系統と万暦版の系統を総合して、完全な大蔵経を作ろうという気運が高まってきていた明治時代の仏教界です。明治以降に刊行している大蔵経には三種類があります。

(1)明治十三年四月から明治十八年七月までに刊行した日本校訂大蔵経です。俗に縮冊《しゅくさつ》蔵経《ぞうきょう》とよばれる大蔵経です。

(2)明治三十五年から三十八年までに刊行した大日本校訂蔵経です。俗に卍字《まんじ》蔵経《ぞうきょう》とよばれています。

(3)大正十三年から昭和三年までに刊行した大正新修大蔵経です。俗に大正蔵経とよばれています。

このなかの卍字蔵経は後の大正蔵経に収められてないものが少なくないので貴重な仏教資料を提供している大蔵経といわれています。また、大正蔵経は高楠順次郎博士の発願によってできあがったもので、経典の大部の文献が網羅されています。この大正蔵経は今までの大蔵経と較べて大きな特色がみられます。それは大蔵経の体裁が伝統的な大乗・小乗の経・律・論による区分にしていない分類でまとめている点です。編集は経典の歴史的発達の順序に従って古いものから新しいものへと配列している合理的な大蔵経です。そして、漢訳に相当して類似しているパーリ文・サンスクリット文を指摘しているなど学問的な配慮がされています。今日の国内外の仏教学徒のほとんどがこの大正蔵経の恩恵を受けているといっても過言ではありません。そこで、大正蔵経のおおまかな内容を記しておきます。

大正蔵経は四部から成り立っています。全体で三千三百六十部の経典類が収められて、その量は今日の大蔵経では最大量の経典類が完備しています。第一の正蔵はインド言語から漢訳された三十二巻と中国撰述の二十三巻で全部で五十五巻が収められています。全部で二千百八十四部の経典類が収まっており、これまでの大蔵経のどれよりもたくさんの経典が収められていることになります。第二の続蔵は三十巻が収められています。日本撰述の文献や敦煌出土の仏典類が七百三十六部が収められています。第三は図像で十二巻三百六十三部が収められています。第四は総目録で三巻七十七部が収められています。

なお、日本には大正時代に刊行された大日本仏教全書百五十冊があります。また、日本大蔵経五十一冊や、漢訳経典類を和訳している国訳大蔵経とか国訳一切経が刊行されています。

⒆ 大師号

大師には大師範とか大導師という意味があるそうです。本来は国や帝王の師となるべき人という意味で使われていた言葉です。やがて学徳のすぐれた高僧が死後に朝廷からおくられる謚号《しごう》となりました。日本で最初の大師号がおくられたのは、清和天皇の貞観八年に天台宗の最澄と圓仁です。大師号は各宗派の宗祖やその時代の時代の人々の心の支えになった人が多いようです。それがどのような基準で大師の謚号がおくられているかはのか不明確です。

今までに何人が大師号をもっているのか気になりましたので調べてみました。詳しく調べれば謚号の年月日も定かになるのですが、今わかっていることだけを記しておきます。

順番	号	法名	宗名	諡号年月日
①	伝教	最澄	天台宗	貞観八（八六六）年四月一四日 第五十六代清和《せいわ》天皇
②	慈覚	慈圓	天台宗	貞観八年七月一四日 第五十六代清和天皇
③	弘法	空海	真言宗	延喜二一（九二一）年六月二六日 第六十代醍醐《だいご》天皇
④	智證	圓珍	天台宗	延長五（九二七）年一二月一七日 第六十代醍醐天皇
⑤	慈慧	良源	天台宗	寛和三（九八七）年三月一六日 第六十六代一条《いちじょう》天皇
⑥	本覚	益信	真言宗	延慶元（一三〇八）年四月一二日 第九十四代後二条《ごにじょう》天皇
⑦	興教	覚鑁	真言宗	天文九（一五四〇）年一〇月一二日

⑧　理源　聖宝　真言宗

⑨　慈眼　天海　天台宗

⑩　聖応　良忍　天台宗

⑪　法光　眞雅　真言宗

⑫　見眞　親鸞　浄土真宗

⑬　承陽　道元　曹洞宗

⑭　慧燈　蓮如　浄土真宗

第一〇五代後奈良《ごなら》天皇

寛永四（一六二七）年七月六日

第一〇八代後水尾《ごみずのお》天皇

慶安元（一六四八）年四月一二日

第百十代後光明《ごこうみょう》天皇

安永二（一七七八）年一〇月一六日

第一一八代後桃園《ごももぞの》天皇

文政十一（一八二八）年六月二日

第一二〇代仁孝《にんこう》天皇

明治九（一八七六）年一一月二六日

第一二二代明治《めいじ》天皇

明治十一（一八七八）年一一月二三日

第一二二代明治天皇

明治十五（一八八二）年三月二一日

第一二二代明治天皇

⑮　慈摂　眞盛　天台宗　明治十六年（一八八三）年六月二六日
第一二二代明治天皇

⑯　月輪　俊芿　真言宗　明治十六年六月二八日
第一二二代明治天皇

⑰　圓照　一遍　時宗　明治十九（一八八六）年八月二三日
第一二二代明治天皇

⑱　無相　関山　臨済宗　明治四一（一九〇八）年四月七日
第一二二代明治天皇

⑲　常済　螢山　曹洞宗　明治四二（一九〇九）年九月八日
第一二二代明治天皇

⑳　明照　源空　浄土宗　明治四四（一九一一）年二月二七日
第一二二代明治天皇

㉑　真空　隠元　黄檗宗　大正六（一九一七）年

第一二三代大正《たいしょう》天皇

大正十一（一九二二）年一〇月一三日

第一二三代大正天皇

㉒　立正　日蓮　日蓮宗

以上の二十二人のほかに、真言宗の空海の高弟で東寺二代の実慧が道興、臨済宗の妙心寺二代の授翁が微妙、後醍醐天皇の皇子の無文が円明の大師号を諡号されていますので、大師号をもっているのは今のところ二十五人ということになります。

ところが、法然は右上記の明照以外に元禄十年（一六九七）東山天皇から円光《えんこう》、宝永八年（一七一一）中御門天皇から東漸《とうぜん》、宝暦十一年（一七六一）桃園天皇から慧成《えじょう》、文化八年（一八一一）光恪天皇から弘覚《こうかく》、万延二年（一八六一）孝明天皇から慈教《じきょう》、昭和三十六年（一九六一）昭和天皇から和順《わじゅん》、平成二十三年（二〇一一）に今上天皇から法爾《ほうに》という八つの大師号が贈られています。浄土真宗のお寺の七高僧の軸の中の法然は多くは円光と記されているみたいです。

第二章　学僧の導き

(1) 成規院西吟《じょうきいんさいぎん》（一六〇五〜一六六三）

(1) 豊前・永照寺の住職で初代能化《のうけ》です。了尊（紀州・性応寺）の門下です。能化職は宗学を一人で統摂する宗門の要職なのですが、現在の勧学寮頭にあたります。能化職は西吟、知空《ちくう》、若霖《じゃくりん》、法霖《ほうりん》、義教《ぎきょう》、功存《こうぞん》、知洞《ちどう》まで続きましたが、三業惑乱《さんごうわくらん》で制度が見直されて能化制度は廃止されました。この騒動のあとに現在の仏教学専門と真宗学専門の勧学職が定員制（現在は十八名）で設置されています。

(2) 『清流紀談《せいりゅうきだん》』に、

西吟は幼歳のころ学を嗜まず、中津にて紀州性応寺了尊、講談せられし席に至り辞して応ぜず、再三これを勧めしかば、さらば聞くところの講語を述べて責を塞ぐべしとて、翌日座にのぼりて覆述《ふくじゅつ》するに、一言の遺漏なく、衆人耳を驚かせり。これより世に名を知られしとぞ。はたこれより学に志し、韻書を取りて日々数十紙を暗誦し、記憶し畢れば破りすてぬ。遂に博く経論に渉り義理に通ず。

と、西吟が記憶力が並はずれており、かつ博学であったことを記述しています。

(3)

寛永十六年（第十三世・良如の時代）に野村宗句の篤志で阿弥陀堂の北茶所の西後に学寮が建ちました（龍谷大学の前身）。寛永十七年に准玄が能化職に任命されたのですが、孫の寂玄が異義を主張したので、後世は准玄を初代能化から削除するのが習わしとしています。時代とはいえおかしなことがいつまでも続いているのですね。そうですから、准玄を初代能化として、西吟を二代能化としている書物もあります。ともあれ正保四年九月十二日に西吟が能化職に任命されました。

「月感騒動《げっかんそうどう》」「明和《めいわ》の法論」「三業惑乱」の法論を本願寺の三大法論といいます。その中で月感騒動は西吟と兄弟弟子の月感とが牆《かき》に鬩《せめ》いで醜い争いをしたというので「承応の鬩牆《げいしょう》」ともいわれています。学林創設から間ないころに騒動が起きて学寮がとりこわされるという、かなり深刻な事態がありました。

(4) 自坊に帰ってから学徒を集めて講義をしていました。あるときに、小倉侯から招待がありました。その日は宗祖の命日でしたが、お膳には魚肉がでています。西吟は汁だけを吸って肉を食しません。小倉侯は怪訝に思いその理由を尋ねました。

肉を食べないのは、宗祖の命日であるからです。また、汁を吸ったのは君命に背かないためです。

と答えました。

それでも汁でも魚肉が中にあれば精進ではあるまいに。

と尋ねられると、

それでは精進日には江河の水も飲まれませぬな。水中に魚が住んでおりますから精進の水ではありますまい。また、精進料理には塩を用いぬことになりましょう。なぜなら塩は魚の住む海水からつくるのですから。

と答えました。これを聞いた、殿様はその機知に感心したそうです。

(5) 騒動がおさまって九年目の寛文三年八月のはじめに病気になりました。十四日になったときに、「ながい間世話になりましたが、いよいよ明日はお別れでありましょう」と、門人や友人に挨拶をしました。そして、翌日は端座合掌して西に向かい、念仏を称えながら往生を遂げたと伝えられています。

(2)演慈院知空《えんじいんちくう》（一六三四～一七一八）

(1) 京都・光隆寺の住職で第二代能化です。西吟（了尊→西吟）の門下です。臥雲叟《がうんそう》と号していています。

(2) 西吟が没すると法輪寺戒空、教宗寺閑隆、知空の三人が能化代役を命じられ、学林で講義していましたが、戒空と閑隆の没後は西吟のあとをつぎ能化職となりました。

『真宗学苑談叢《しんしゅうがくえんだんそう》』に、

空公の著作数数十部、博く内外に亘り文を引き義を証す。後世の章疏多く材を此に取る、蓋し宗学の基礎なり。

と、知空の著書が宗学を学ぶ学徒の基礎資料になっていたことを語っています。

(3) また、『真宗学史』には、

その訓詁の正鵠を得たる、考証の博くして確実なる、近世の学者の遠く及ぶ所に非ず。念仏を解釈するに、往生につきて信願行の三資糧ありといふが如き説をなし。

と、知空の宗学理解がいまだに未消化であったことを指摘しています。

(4)『龍谷大学三百年史』に、

知空は大いに西吟学説の短所を補正し真宗の特色を明確にすることに努力したようであるから、西吟にあるが如き宗学的欠点を脱却し、聖浄二門の分界は著しく明瞭にされている。これは彼の著書『正信偈助講』や『高僧和讃首書』等を繙けば直ちに看取し得るであろう。しかし、彼とても亦未だ原始宗学の域を全脱し得ず、宗義の発揮に於て充全ならざる点が認められる。かの『論註翼解』に、浄土門に於て上機と下機を分ち、上機は観正称兼、下機は称正観兼であって、これが万機普益の意なりとするが如き、即ちその一例である。されば知空の宗学上に於ける功労は、大は即ち大であるが、その反面に完璧ならざるものの存することも亦事実である。

と、知空の学的な功績を評しています。『真宗学史』には、

其念仏を解釈するに、往生につきて信願行の三資糧ありといふが如きは、信心も願

心も、称名も、皆往生に向ふ共因なるが如き説をなし。
と言い、知空の学説がいまだに未消化であることを指摘しています。

(5) 辞世

八十五年幻夢ノ中　五蘊四大一時ニ空シ
平生信ジ得タリ称名ノ路　一息止ム時入ル二楽叢ニ一
楽叢ノ快楽独リ何ヲカ為ン　再二来シテ苦海ニ一度セン二群萌ヲ一

(3) **離塵院《りじんいん》若霖《じゃくりん》**（一六七五～一七三五）

(1) 近江・正崇寺の住職で第三代能化になった人です。知空（西吟→知空）の門下です。
桃溪・綿嶽・息影と号しています。

(2) 『真宗学史』に、

筆蹟の雄逸なる事、後世宗学者の及ぶ所に非ず。

と記述されていますから、字がとても上手ですばらしかったのでしょう。

(3) 知空は幼い若霖をみてその凡器でないことを見ぬいて門下にしています。ある時に知空が『維摩経』を講義したときに、その解釈について若霖は師に失礼な議論をしたので、破門されました。その後は諸国を流浪して宗学の研鑽しながら諸宗の碩学から学んでいます。漢籍も修め詩文も巧みになり世に知られるようになりました。

四十歳過ぎに知空と再会しました。その時に知空から破門をとかれて、再び師弟の旧交をあたためています。知空八十五歳、若霖四十三歳のときに、知空の寿像に若霖が讃を書きました。それをみた知空は涙をためて「宗門興学の大事、今方に汝に付属す、汝能く努めよ」といい、早速に寂如に推挙しています。享保二年八月十三日に知空が亡くなり、四十四歳の若霖が能化になりました。

(4) 若霖の聖浄論は独自の見解があり、行信論も知空までの学匠の多くが能行立信であったのに反して、行に所聞所信の法体名号と能称位の称名行を分別して、信前信後の分斉をあきらかにして、所行派の先駆ともいうべき人です。法霖の所行説は知空の主張を発展させたものです。

(5) 性格は細かいことを気にしない人でした。人がほめても喜ぶ風でもなく、逆に人から謗られても、まったく気にしない生き方をしていた人でした。ご門徒から新しい絹の着物をもらってもすぐに普段着にして、寒そうにしている人を見かけると、着ているものをすぐに脱いで、それを着させるのが常でした。

(6) 辞世

聞名信喜契二其真一　即チ是レ光明蔵裏ノ人

浄念唯今融朗シ去ル　一如幻出ス荘厳ノ身

(4) 演《えん》暢《ちょう》院《いん》法《ほう》霖《りん》（一六九三～一七四一）

(1) 近江・正崇寺の住職で第四代能化です。若霖（西吟→知空→若霖）の門下です。日渓・松華子・啓廸・韜光と号しました。

(2) 幼いときから奇材といわれ、「終日手に巻を捨てず」といわれる勉強家であったといいます。『龍大論叢』（二六二）に妻木直良師が「学窓夜話」に、法霖の逸話を紹介しています。

友人と和歌の浦で遊ぶ約束をしていました。早朝に友達が誘いに来たが、法霖は机に向かって書物を一心に読んでいました。友達は早く行こうと促すのだが、法霖はなかなか立とうとしません。そこで友達は待ちきれないので、竹の皮の傘を彼の頭にかぶせて、「早くおいでよ」といって先に出かけました。いつまでも来ない法霖が急病になったのではないかと心配した友達が帰路に立ち寄って驚きました。法霖は依然として傘を頭においたまま書物を読んで会心の笑みをもらしていたのです。友達は顔を見合わせて唖然として一語も発せず、後に彼の向学心を称讃したと伝えています。

また、ある時のことです。法霖はいつものように粗末な法衣で書物を読みながら歩いていました。そこへ殿様の行列がきたのですが、法霖はそれに気づかずぶつかりそうになりました。それにあわてたお付きの侍が法霖を無礼打ちにしようとしました。殿様がそれをとめて、「あの青年は凡僧ではない。これからこのようなことがあっても、これからはこちらが避けるようにせよ」といったといいます。

(3) 法霖は若霖が住職している正崇寺に養子に入ることになりました。その入寺式のことです。門徒の人たちは立派な法嗣である若院がこられるのを村はずれに迎えにいきました。待てど来ない新住持をあきらめて寺に帰って、住職にそのことをいいました。住職は「あんたたちは誰を迎えに行っていたのですか。若院ならもうとうに来て私と話をしていますよ」といいました。門徒がそっと見ると、色褪せた木綿の法衣を着て、垢で灰色になっている白衣を着ている若い僧侶が、草履もぬがずに住職と宗義を話していた様子がわかりました。そして、「あの風体が悪くみすぼらしい坊さんなら途中で会ったわい」と互いが顔を見合わせたそうです。

(4) 法語①

今宗の学者、大蔵経の三部を学ぶなかれ、すべからく三部中の大蔵学ぶべし。三部は根本なり、大蔵は枝末なり。今の人、三部を以て小となし、大蔵を大となす、謬れるというべし。

法語②

念仏の一法は函蓋相応《かんがいそうおう》の要法なり。器を拵《こしら》えるとき、蓋《ふた》に合わして函《はこ》を拵えるということなし。先ず函を拵え、函が六角、函が円なれば蓋も円、函に応じて蓋を拵えるもの也。いま衆生の機は函の如く、如来の本願は蓋の如し。われ等の根機函を考えたまうに瞋恚の角あり貪欲の刻《きざみ》あり、ゆえに本願の蓋もそれに合うように思案したまえり。どこからどこまでも、しっくりと相《あい》かのうてあるは阿弥陀如来のお慈悲である。

法語③

われわれがものをいうにも孤独ではいわれぬ、向うから喚《よ》べばこそ返事もすれ、喚ばねば返事がならぬ。われ等が南無の返事は、大悲のお声に喚び立てられしよりおこる帰命の一念なり。

法語④

わが当流にありては、たとひ坊主分の身のうえなりとも、我こそは沙門なれ出家なれと心得るが如きは悪し。祖師聖人さえ遂に沙門とは名乗らせられず、愚禿と仰せられたり。蓮如上人は我らごとき在家止住に身をもちてとの玉えぬ。また実悟の記をみれば、大坊主分の衆出仕のとき、白き着物を上下ともに着て出でしに実如上人御機嫌あしく、下に一つ宛小紋の着物をきられよと、お叱りあらせられたるを見えたり。是等の義を以てみるときは、仏の御守を致し、一ヶ寺を預るゆえにこそ袈裟も着すれ、当家の法中は何れも同じ在家なり。

(5)『真宗学苑談叢』に、
日溪の章疏率ね皆筆力雄健、気燄万丈、加之詩賦亦其妙に詣る蓋し叢林講主名を芸苑に馳するもの、唯桃溪と公とあるのみ。嗟呼僧となる、日溪其人の如くならば亦足れり。

と法霖の著述や詩作の健筆ぶりと気力溢れる人柄を評しています。

(6)『龍谷講主伝』に「身の長《タケ》七尺二寸」「天性葷腥《くんせい》を断じ目に女人を視ず」と、法霖の体格が人並みはずれていたことや、女性を見ない生きざまを記しています。また、講義するときには一紙の備忘をも用意せずに弁舌さわやかで止まることがなかったそうです。たまたま物忘れすることがあると、頂上を按ずれば思い出すことができたといいます。そこで人々は「霖公の脳裏三蔵、すなわち百会《ひゃくえ》より出だす」と称したといいます。

(7)若霖の行信論は若霖の名号大行説をうけついで主張しています。門下には高霖、道粋、僧樸、天倪、継成、海印など後世に活躍する人たちがいます。

(8)華厳宗の鳳潭《ほうたん》と論争をしたその時に即興に対食偈《たいじきげ》をつくったといいます。この対食偈は今の「食前・食後の言葉」の原型といえるものです。江戸時代まで対食偈がなかったので、各地の学寮で仏道を学ぶ学生がこれを唱和するようになったそうです。原文は漢文なのですが読み下して、私の意訳を記してみます。

粒々皆是れ檀信滴々悉く是れ檀波

（口にしているお米もお茶もすべてが檀信徒からいただいたものです）

士農に非ず工商に非ず　勢力なく産業なし

（僧侶は士農工商の職業もなくて食物をつくる力がありません）

福田の衣力に非ざれば　安んぞ此の飯食を得ることあらんや

（僧侶は衣と袈裟を身でつつみお念仏を相続させていただく道心にたいして、檀信徒のみなさんが食事にとお供えくださっているのです）

慎んで味の濃淡を問うこと莫れ　慎んで品の多少を問うこと莫れ

（美味しいとかまずいということを思ってはいけません。また食の多少の不平をいわないで、心から感謝していただくべきです）

此は是れ保命の薬餌　飢と渇とを療せば則ち足る

（食事は生命を保たせる薬であり、飢えと渇きが満たされればそれで十分であると満

足させていただくべきであります）
若し不足の想念起さば　化して鉄丸銅汁とならん
（もしも不足に思えば食事は鉄丸・銅汁のようになってしまうでしょう）
若し食の来由を知らずんば　負重の牛馬に堕するが如し
（食事の品々がどんな苦労があって私の口に入ってきたかを知り感謝していただかないと、重い荷物をせおって生きている牛馬のようなものです）
語を寄せて諸の行者に勧む　食事須らく此の言を作すべし
（どうか念仏者の人々よ、食前・食後にはこの言葉を唱和してください）
願わくは此の飯食の力を以て　長く我が色相心を養い
（願わくばいただいたこの食事のおかげで身心が長く養わせていただくよう）
上は法門の干城となり　下は苦海の津筏とならん
（お念仏をよろこび、お念仏を苦しみ多い人生の船として生きてゆきます）
普く諸の衆生を教化して　共に安楽国に往生せん
（いろいろな人に阿弥陀さまのお慈悲をお伝えして共々にお浄土にまいらせていただだ

こうではありませんか）

(9) 辞世

往生ノ一路決ス二平生ニ一　今日何ゾ論ゼント死ト与レ生ト

非レ好ム二蓮華界裡ノ楽ヲ一　還二来シテ婆界ニ一化セン二群萌ヲ一

(5) 泰通院《たいつういん》義教《ぎきょう》（一六九四〜一七六八）

(1) 越中・円満寺の住職で第五代能化です。安定（氷見・西光寺）の門下です。大心海流の祖です。

(2) 法霖没後に十三年間空席であった能化に任命されました。

(3) 温厚篤実できわめて謙虚な性格でした。多病と称して京都にあまり居せず、学林事務は他人に代理させて自坊教化をしていました。また、安居の講義もしばしば道粋《どうすい》や僧樸《そうぼく》に代講させて、自分は一年おきに講義をするにとどめていました。しかし、自坊には大《だい》心海《しんかい》という学寮を設けて学徒を教育するなど教化のもとを地元においていました。

(4)　ある年の夏のことです。お灸をすえているところにお客がきました。お客が「土用のうちはお灸をするものではありません」と注意しました。「そうですか」と頷いて、お灸をやめました。しばらくして客が帰ると、「さあお灸をすえてください。土用はすでにいってしまいましたよ」と、おつきの人に申したそうです。

(5)　一人の老婆がやってきて、

如来さまが私を摂取するといわれても、何も証拠がないではありませんか。

といいました。すると、そこに阿弥陀さまの御絵像をもってこさせて老婆の前におきました。

お前さんはこのお姿を拝んでも何の力もない、ただ描いた絵と視ているのかえ。もしそう思っているのなら、お前さんの足でふみにじりなさい。

といいました。老婆はそういわれてしばらく考えていましたが、

すみませんでした。今まで私は何を思っていたのでしょうか。

と、今までの疑いをサラリとはらしたと伝えられています。

(6)　学林に麻の黒衣と麻の黄袈裟の制服を宝暦六年六月に制定しています。

(7) 辞世

後の世といふも今やになりはてゝ
かなしくもあり　うれしくもあり

(6) 陳善院僧樸《ちんぜんいんそうぼく》（一七一九〜一七六二）

(1) 京都・宏山寺住職で、法霖（了尊↓西吟↓知空↓若霖↓法霖）の門下です。休々子・昨夢盧と号しました。

(2) 僧樸門下は実に俊才が多くいました。特に越中の僧鎔《そうよう》と安芸の慧雲《えうん》は僧樸門下の双璧といわれて、その学識徳望は兄たり難く弟たり難しというありさまでした。僧鎔は越中に帰って空華轍《くうげてつ》の祖となり、慧雲は安芸に帰って芸州轍《げいしゅうてつ》の祖となって、その学風は天下に風靡しています。

(3) 十八歳で京都にでてきて学林に懸席し、法霖を師として宗学を研鑽しました。そのときの修学の様子を『清流紀談』に、赤貧にして鉢盂《はちぼん》しばしば空しけれども、晏如《あんじょ》として愁る色なし。長爪垢面、ただ寸陰を惜む。分衛《ぶんえい》（托鉢）して得るところ、炊ぐに暇あらず、米を嚙み水に和して飲む。時人称して〈米嚙《こめか》み僧樸〉といへりとぞ。

と一心不乱の勉強の姿を記していますが、この修学の姿を、

この頃、生米を嚙んで学問する人があるが、こんな奇異なことをして世間の人を驚かすということは名利を好んでいるからだ。

と六歳先輩の道粋から誡められて、生米を嚙みながら修学している姿を他人に見せるのはやめたと伝えられています。

(4)　風采のあがらない人であったみたいです。義教を訪問したときのことです。取り次ぎをした学生たちが、その身なりから人物を判断してあざ笑っていました。師匠の義教に来客の風貌や服装のことを交えて伝えると、「それは僧樸であろう。早く通しなさい」と言われてキョトンとしていた学生たちでした。義教と僧樸は仲のいい旧知のごとく、話はすぐに宗学の奥義をやりとりはじめました。学生たちはこの様子を見て、ただ者ではないと知られてきました。日暮れになって、僧樸は帰る間際に「羅漢さん、ご苦労さ

ま」と見送る学生たちに声をかけました。学生たちは褒めてもらったと機嫌よくしていました。すると、義教から「阿羅漢はこれを翻して無学という。無学の義を転用して、お前たちにしっかり勉強をせよと励ましてくれたのだ」と諭したそうです。

(5)　ある法座に招かれました。僧樸のあまりにも粗末な法衣に見かねた住職が、

　この衣と着替えて高座にあがってほしい。

と申し出ました。僧樸はこの申し出をうけいれました。高座にあがるなり、

　みんな、よく見なさい。立派な衣だろう。今、ここの住職の望みにまかせてこれをみなさんに見せるのだ。アナカシコ、アナカシコ。

と言うなり、高座からおりて客僧部屋にかえりました。参詣の同行は驚き、住職に事の次第を聞きせまりました。住職は驚き、「私が心得違いをしていました」と謝りました。その後に高座にあがると前代未聞の妙弁をふるって僧侶・在家の人の心得違いを呵責し、慇懃に人々を導いたといいます。

(6)　学生を決して弟子とは言わず法友といっていました。門下に僧鎔、慧雲、崇廓、玄智、仰誓、大麟などの先哲がいます。後世の空華や龍華などの諸学轍は僧樸門下から輩出し

ています。宗学の歴史から見ても驚くべき時代の人であります。

(7)『正信偈五部評林』の講義のときに学生をみて、次のように誡めていました。

つねに仏前にて御経ばかりも読んでもおられぬ。念仏称えつづけもならず。詩歌の遊びに交わり、それより囲碁・将棋となり、はなはだしきは浄瑠璃・博奕となり。まづ勤むべき第一は報恩の称名。読経・奉仕なれども、昼夜はならぬなり。学問は第二義門なり。その二義門の学問なれども、仏祖の御扶持で大きくなったわが腹は、必ず囲碁・将棋に減らさぬようにと、互いに心掛けあい慎みたき事なり。

(8)僧樸の二十五誡

① 六字のいわれを心得るとあるを誤って聴聞の功を信心と思う。

② 聞已往生《もんいおうじょう》を謬《あやま》って、たのむとあるを嫌う。

③ 悪人往生とあるを誤って邪見にしづむ。

④ 下根往生《げこんおうじょう》を謬って懈怠の失を招く。

⑤ 機法一体《きほういったい》を誤って自性唯心にしづむ。

⑥ 頼《たの》む言《ことば》になづんで信心にくらし。

⑦　凡夫は不定とあるに泥《なづ》んで決定を嫌う。
⑧　往生治定とあるを誤って自力となる。
⑨　易行の名目になづんで難信の法を知らず。
⑩　難信の金言に迷うて、なげきに沈む。
⑪　仏法に心を留めよというを誤って沙汰のみに止まる。
⑫　信心為本とあるを誤って称名を嫌う。
⑬　仏法の意味少し心得ると驕慢となる。
⑭　参詣せよとあるを聞いて坊主の私慾と思う。
⑮　仏法を一概に心得て公儀の法度を破る。
⑯　王法を本とせよとあるを誤って仏法を嫌う。
⑰　一向の言を誤って諸神諸仏を粗略にする。
⑱　相続を示して参詣せぬは機を知って法を知らぬ。
⑲　参詣を悪しとて相続をせぬは法を知って機を知らぬ。
⑳　法を知って機を知らざるは一念の機。

㉑ 機を知って法を知らざるは多念の機。
㉒ 領解あって信なきは邪見なり。
㉓ 信ありて領解なきは自力なり。
㉔ 地獄一定のみ知って御助けを知らざるは二十真門の機。
㉕ 善心おこる時のみ往生一定の思いあるは雑修の機。

(7) 実明院功存《じつみょういんこうぞん》（一七二〇～一七九六）

(1) 越前・平乗寺の住職で第六代能化です。慧鐺《えとう》（西吟→知空→霊　潭→下関→慧鐺）の門下です。霊山と号しました。学匠のなかで初めて生前院号をもらった人です。

(2) 越前の浄願寺の龍養が無帰命《むきみょう》安心《あんじん》を主張し流行していたので、本山から派遣されて録所で糾明してついに回心させました。続いて僧侶を集めて四座の法談をしたのですが、この時の筆録が『願生帰命弁』です。これがのちに問題となってきました。

功存はもともと義教や芳山に私淑して欲生帰命説をうけついでいる学匠です。この功存の欲生帰命説を全面的に支持するものが少なくなかったのですが、慎重な学匠には一抹の不安をぬぐえないものがありました。しかし、当座は無帰命安心にたいする一時的な救済説であると是認をせざるをえなかったような状況がありました。当時の能化の義教も学林において僧樸と道粋らと『願生帰命弁』の内容を検討したのですが、伝統の宗義からはずれていないと結論をだしています。

(3)　功存の『願生帰命弁』を僧樸と道粋は一応讃辞しているものの、その内容のすべてに賛同しているわけではありませんでした。僧樸は「甚憚多候得共、存寄の事故申候也」と書状を送っています。また、道粋は『願生帰命弁』の開版にさきだって意見を求められて「帰命弁問尋」を書いて私見七ケ条を述べて功存の反省を求めています。

しかし、功存は二人の注意に頓着しませんでした。二人が功存をさらに追求しなかったのは一時救済の書と見ていたことと、「真宗法要」の校合におわれて時間がなかったのに加えて二人とも余命があまりなかったことが理由です（僧樸は書状を出した宝暦十二年九月に、僧樸の翌年の九月に泰巌が、さらに翌年の明和元年十二月に道粋が亡くなっています）。

(4)『真宗学苑談叢』に、

其学徳、顕職に居るに堪ふるや否やは、未だ遽に評すべからずと雖も、『願生帰命弁』を著して矯弊中を失し、遂に禍乱の階をなすは其罪深し。

と、『願生帰命弁』を著して騒動をおこしたことの批判をしています。

(8) 実成院仰誓《じつじょういんごうぜい》（一七二一〜一七九四）

(1) 石見・浄泉寺の住職で、僧樸（知空→若霖→法霖→僧樸）門下です。石州学派の祖です。合明閣・猯牛山人と号しています。

(2) 門下の履善《りぜん》が書いた『高城家儀』に、

仰誓は床につく前には毎夜に必ずお暇乞《いとまご》いだと言って、もう一度本堂に参り仏前に丁寧な礼拝をしていた。

と、仰誓の念仏相続の日常を記しています。

日常生活は純真で言行端正・温厚でした。仏前にお参りするときには必ず口を濯《すす》いでから法衣を着ていたそうです。規矩にしたがわぬことがありませんでしたから、人々が仰誓の生き方を真宗律と呼んでいたというのは有名な話です。

(3)

妙好人として有名な大和の清九郎を何度か訪問しています。仰誓は二十九歳の寛延二年二月に大和の清九郎に初めて対面しました。あまりのありがたい念仏者清九郎の言動に、〈こんなありがたい人を、自分一人だけが見聞するのはもったいない〉と感激しました。すぐに郷里に帰り、あらためて老母の妙誓尼や僧侶・お同行二十人余りをつれて二月二十九日に大和に再び訪れ、清九郎や多くの念仏者と出会っています。「尊いご縁にあいました」と喜びながら、

世間には吉野の花を見るためにこの国に来る人は多いが、われらはいかなる仏祖のおひきあわせか、他力信心の花盛りを眺めることができました。不可思議の因縁であることよ。

と号泣したそうです。この感激を抱きながら書いたのが『妙好人伝』です。

(4)

京都で清九郎と通会しました。その時の会話が残っています。

去年は越中へ行ったそうなが、さぞ先々でありがたい同行に出会ったであろう。

と問いかけると、

どこも仏法御繁盛でありがたいことでありますが、越中の衆よりは、まず私がありがたいことでござりました。

という答えがかえってきました。

この一言、肝に銘じけり。われらはただ他人のまめやかに信ずるを見て、よろこぶばかりにて、わが身のうえには心づかざるなり。この人は隣の宝をかぞえず、何につけても自分の往生をよろこぶこと、まことにありがたきことなり。

と清九郎の信仰に生きている平生の心がけを絶賛しています。

(9) 明教院僧鎔《みょうきょういんそうよう》（一七二三〜一七八三）

(1) 越中・善巧寺の住職です。空華学派に空華三哲の僧鎔、柔遠、道隠がいます。僧鎔は僧樸（了尊→西吟→知空→若霖→法霖→僧樸）の門下で、空華学派の祖です。

(2) 甘露・雪山・空華盧と号しています。柔遠《にゅうおん》は僧鎔門下で越中空華派の祖で、柳溪と号しています。道隠は僧鎔門下で堺空華派の祖で、薩州と号しています。

(3) 二十一歳のときに法霖に師事しようと京都にきたのですが、法霖はすでに往生した後でした。そこで僧樸の門に入り、宗学の奥義を極めて僧樸門下の上足となりました。

行信論を論じてはその義微を極め粋を尽くしています。講筵のたびに天華が舞い散るようであったので、それ以後は空華と号したとも伝えられています。時に著名であった崇廓とか慧雲などは同門でした。師の僧樸は弟子の僧鎔より年齢がわずかに四歳上でした。僧樸は僧鎔の器量を深く敬愛して生涯にわたって門弟視することなく、客分をもって処遇していたと伝えられています。僧樸はまさに往生せんとするときに所蔵の貴重な書籍と、堺の祐貞寺を僧鎔に譲りました。

(4) 『正信念仏偈聞書』(真宗全書四十)に、

さて御経の文字句読を習ふてより処々の講釈をきき、書籍を見、或は人に尋ねたりすれども終に知恩報徳の為と思ひ、その心底を学ぶことなし。各方はいかがあらん。……この御文は高祖の筆の御跡なり。これ彼方がおぼしめさぬことを此の如くかきつけたまふはづはない。一字一句もみな知恩報徳の御意よりのこしおきたまふ。しかるに我等がこのやうなあさましきものなれども、彼方の御あとをしたふて往生するなり。此の如く名利に迷ひくらす凡夫が、此度本願の御慈悲の御手に引立てられて、往生をとげたてまつることは、さてもさても（この時に御落涙あり）。云々。

と心に響いてくる文章があります。とりわけ、（この御落涙あり）と注記している門下生の感動が、長い時間が流れてきた今日にも伝わってくるような気がします。

(5) 真宗伝道の心得について、

世尊も経を説き給う前には必ず入定せられたのに、凡夫僧として軽々しく勧化するということはもったいないことである。

と言い、読経の心得について、

朝夕の礼誦念仏は自分の都合でやめることはできない。それ読経は仏者の第一のつとめである。天龍八部も坐を擁して聴き、冥顕の群衆も声を尋ねて到る。何ぞ、それ放縦にして看読せんや。盥漱《かんそう》して威儀を整粛にし、跏趺《かふ》して坐し、音声は高からず、低からず、直ちに己が耳に入るを限りとなせ。豈、また勃卒として声を起し、人を慢らんや。……仏者たるもの、自己返照してよくよく慎むべきことなり。

と言っています。

(6)越中に暢空《ちょうくう》という僧侶がいました。初めは僧鎔に師事していたのですが、僧鎔が往生した後は禅宗に転じました。年老いてから、再び浄土真宗に帰依して小庵を結んで粛静な生活をしていました。その暢空が、「わしは全国を雲水して、たくさんの禅僧の門を叩いてきたけれども、威厳と仁恵を兼ね備えた人は亡き師のほかにはなかった」と、僧鎔を讃えたと伝えています。

⑽深諦院慧雲《じんたいいんえうん》（一七三〇〜一七八二）

(1)安芸・報専坊の住職です。僧樸（西吟→知空→若霖→法霖→僧樸）門下です。芸轍の鼻祖です。洞水・東岳・甘露・白道と号しました。

(2)慧雲はいつも、
　神は尊敬すべきものであるから、屋内に神祠を構えるのはおそれ多いから祀らないほうがよい。また、死者の位牌を安置して秘呪・神符などを信ずるということも本宗の教義に違背するものである。

と門徒を諭しながら、門徒の家から神棚を撤し神符をとりはずさせました。そこで神棚おろしの報専坊といわれるようになりました。

(3) もの静かな重厚な人柄で、生涯怒声を発することがなかったといわれる人でした。人の善事善行を話を聞けば眼を輝かして喜んだそうです。逆に他人の悪口を聞けば、「しかし、こんなこともあるよ」と言って、悪口を言われている人の長所をあげてほめるか、居眠りして聞かぬことにしていたそうです。そんな慧雲でしたので、ついには彼の前で人の悪口をいう人がいなくなったそうです。誰からも慕われていた人でした。

(4) いつも先哲を尊び後学を愛撫して、自らを師と呼ばれることを嫌う生き方をしていました。門弟を弟子とよばず学友・伴侶として処遇して、社中の名簿のごときものさえつくらない性格の持ち主でした。「徳星芸《とくせいげい》に聚《あつま》る」といわれるほど、宗学を志す当時の逸材が慧雲のもとに集まってきました。『深諦院慧雲和上小伝』には百十七名の門弟の名前が列記されています。

(5) 慧雲第一の高弟といわれる大瀛は、彼が十一歳のときに慧雲の門下に入っています。

余分ですが、僧叡は十二歳、履善は十四歳、雲幢《うんどう》は二十歳で慧雲の門下に入っています。大瀛《だいえい》は体が虚弱だったので、それを悲しみ学業をやめて故郷のお寺に帰ろうとしました。その時に慧雲はそばの紙にサラサラと筧《かけい》に浮草が生えている絵を描いて、

うき草や　かけひのうちに　咲くもあり

と書いて渡しました。これを受け取った大瀛は慧雲の深い心に感動して、学問を続ける決心をしたと伝えられています。

(6)　越前の法筵に毎座お聴聞に来ている少女がいました。慧雲が「あんたは年はいくつになるうのかな」と尋ねると、

「私は十二歳になります」と答えました。少女は続いて、「和上さま、広い世界の中で私は幸せ者でございます。年に一度は御真影様にお礼をさせていただいています」と話しました。

「あんたのような十二歳の子供がどうして京都へお参りにいくことができるかな」と尋ねると、

「私は一人では京都の本山にお参りができませんが、両親に連れられてお参りさせて

もらっています」と、笑顔で答えました。

「おお、それならばどれほど遠い京都でも、親に連れられてお参りさせてもらえばちっとも屈託はあるまいのう。どれほど遠いお浄土でも、大悲の親さまに連れられて参らせていただけばちっとも屈託がありませんぞ」とにこやかに言いました。

「和上さま、私はご開山さまの二十四輩のご旧跡にもお参りさせていただきました」

との言葉を聞いた慧雲は、

「わずか十二歳ぐらいでどうして二十四輩にまいられたのじゃあな。この元気なわが身にてもなかなか苦労なものじゃあがな」と聞きました。

「はい、私の力ではとてもお参りはできませんが、両親に連れられて参ることができました」

「そうであろう。親に連れられてか。どんなに疲れていて歩くことができないと言っても、親は見捨てたりはせぬものじゃあ。手を引かれてなり、おんぶしてもらってなり、抱いてなりしてもらって連れられていくのじゃあから、何の屈託があろうかのう。今もそれと同じじゃあ。どんなに遠方の浄土でも、大悲の親さまに連れられて参らせてもらえば、たとえ煩悩妄念が起ころうとも、大様に懈怠に流れるような私であっても、私を見捨てるような親さまではないのが有難いのう」としみじみと話をされました。

「ところで和上さま、私は幸せ者であります。ときどきに大悲の親さまの五劫永劫のご苦労の旧跡にも参らせていただいています」と言う少女の言葉を聞いて、不審に思った慧雲はその意味を尋ねました。

「和上さま、私の心のあさましさは両親にも言うことができません。この心がなければ五劫永劫のご苦労がなかったものをと、この心の見えるたびごとに、ここが大悲の親さまの五劫永劫のご旧跡だと気づかせてもらって大悲を仰がせていただいています」と、涙とともにお念仏している少女でした。

その姿を見るなり、慧雲は少女の手をにぎりしめ、涙ながらに「この年になるまで何度も有難いご縁におうてきたが、これはほど手近いご縁にあったのは今日が初めてじゃあ」と喜ばれたそうです。世に生き仏と尊敬をされていた慧雲が、幼い少女の言葉に感泣してお念仏をされたというこのような話が伝えられています。
(7) 宗祖のご旧跡を巡って数百首の詩歌を残しています。とりわけ枕石寺《ちんせきじ》に詣ったときにつくった「詣枕石寺」の一詩は有名です。友人が住職している広島県山県郡の専教寺で自筆の詩を拝見させてもらったことがあります。感激に浸っている慧雲を想像しながらしばらくの時間を過ごさせてもらったのを思い出します。

聞道厳冬夜　（聞くならく厳冬の夜）
褥雪臥門前　（雪を褥《しとね》にして門前に臥す）
枕石今猶在　（枕石《ちんせき》今なお在り）
何耐就安眠　（何ぞ安眠につくに耐えん）

という詩です。襟を正して宗祖のご苦労を偲ばせていただけるありがたい詩です。枕石寺のいわれは親鸞さまが雪の降る夜に一夜の宿を日野左衛門の家に求めたところ、にべもなく断られました。このときに親鸞さまは石を枕にして雪をフトンがわりにしてにして念仏されていました。寒空にひびきわたるお念仏の声に驚いた日野左衛門はそのただならぬ姿に感激して親鸞さまを家に招きいれてお念仏の教えを聞き、ついにはお弟子となりました。これが枕石寺の由来です。親鸞さまはこの雪のなかで、

寒くともたもとに入れよ西の風

弥陀の国より吹くとおもへば

と詠じたと伝えられています。

⑾智洞《ちどう》（一七三六～一八〇五）

(1) 京都・浄教寺の住職で第七代能化です。僧樸（法霖→僧樸・功存）の門下です。桃花房と号しています。

(2) 祖父は土蔵秘事の中心的な人物でしたが、僧樸と泰巌によって回心しています。その時の智洞は二十歳でした。祖父の回心のあとに僧樸の門下に入りましたが、僧樸はまもなく亡くなりました。そこで華厳を学んだ後に功存を師事しました。功存は智洞の才能を深く愛していましたが、功存が『願生帰命弁』を著して反駁がさかんになるにしたがって二人の関係はいよいよ密になっていきました。

(3) 功存の死後の能化は僧鎔であろうと噂されていたのですが、僧鎔は早く亡くなりました。寛政八年に功存が亡くなったのですが、生前の遺書に智洞を学頭職に推挙していたので異論なく能化職に就いています。

(4) 寛政九年に智洞は能化職に就くと「入門六条」を定めて入門者の安心の規矩《きく》としています。これは似て非なるもので三業帰命《さんごうきみょう》を主張しているものでした。また、同年の安居《あんご》で『大経』を講義したときに公然と三業安心・欲生帰命の義を説きました。本願三心のなかで欲生心を、本願成就文では願生彼国の句をもって真宗安心の極意とすると弁じ、信楽帰命《しんぎょうきみょう》の一念を廃棄する理由として四失を説きました。安居を傍聴していた安芸の恵遠はこれを大瀛に報告しながら相談しました。大瀛は寛政九年霜月に「道岳質問書」を書いて、智洞にその回答を迫りました。智洞は門下の普済にこの「道岳質問書」に朱字させて恵遠に返事をおくっています。安芸の学徒は普済の答書に十六の疑問をだし、大瀛が質問書をつくって学林に提出しました。これが「十六問尋」です。学林側は返答をすることを避けていましたが、享和二年八月五日に答書（十六問尋通釈）が安芸に届きました。そこで大瀛は直ちに『論衡篇《ろんこうへん》』を著して答書を論破しています。

(5) かくして学林にたいする在野の学徒の追求は激しくなり、門末も真っ二つにわれて宗門史上最大の教学大論争が広がっていきました。ついには幕府によって吟味糾明するところまでいっています。古義派からは大瀛や道隠《どうおん》が、新義派からは智洞等がでて、寺社奉行脇坂淡路守のさばきをうけることとなりました。

(6) 辞世

縲絏幽居歴二幾霜ヲ一　閏余八月覚ユ二秋涼ヲ一
寒松雨滴琴声止ム　破牖風来リ笛律揚
独リ以テ二単《たん》衾《きん》ヲ一驚ク剣影ニ　空シク撫シテ二暗枕ヲ一冀ヲ二灯光ヲ一
不レ知ラ何ノ日カ籠中ノ鳥　遠ク搏テ天涯ヲ自在ニ翔ヲ

⑿ 真実院大瀛《しんじついんだいえい》（一七五九〜一八〇四）

(1) 安芸・勝円寺の住職で、慧雲（西吟→知空→若霖→法霖→僧樸→慧雲）の門下です。芸轍苆園派《げいてつせいえんは》の祖です。苆園・瑞華・天城・金剛庵・寂忍・倞真・朗然・円海・宝梁などと号しています。

(2) 時の人は大瀛《だいえい》を評して「東獄門下《とうごくもんか》の顔回《がんかい》」と言ったそうです。いつも　社中の僧侶に対して、

諸子がもし法談しようと思うならば、まず自己の安心を領解し、しかる後に謹んで弥陀の名義を讃嘆しなければならない。今家の法談は讃嘆門で位は第十七願。すなわち、諸仏方の職分とされるところである。すなわち、仏祖・善知識の御名代をつとめさせていただくのであるから、これを決して忽緒にしてはならない。

御文章の指南に準じて慇懃に法義を談ずれば、宿縁の機は必ず信心を得るであろう。また、一座の法話に因縁物語などを引用するという場合も、一々典拠をわきまえていなくてはならない。また、義門にわたった話は宗学未熟の者はうかつなことを言ってはならない。

と注意していたそうです。

(3) ある時に学生（寮生）と托鉢から帰ると、子供が「坊主、坊主」と罵声を発しました。これを聞いた学生たちは立腹していました。大瀛は帰寮してから、「皆よく考えてみなさい。私たちは毎日煩悩の日暮しをしているではないか。日夜の所行一として坊主らし

いところはない。それでも子供たちの目には坊主と見えて、坊主・坊主と言ってくれるとは、実にありがたいことではないか」と訓誡したといいます。

(4)いつもの口癖は、「凡夫のまことというのはまことのないのが凡夫のまことじゃ。仏のまことはまことのあるのが仏のまことじゃ」でした。

ある夫婦が一度法話をお聞かせいただきたいと、連れだって参詣してきました。大瀛は本堂で「聖人一流の章」を丁寧に繰り返して拝読するだけでした。夫婦は物足りなく思って、「和上さま、この御文章は子供の頃からよく聞いて知っているものです。この御文章もありがたいですが、もう少し違ったところをお話くださいませんか」と言いました。その一言を聞いた大瀛は、黙ったまま庫裡のほうに行ってしまいました。いくら待っても本堂にかえってこられない。そこで、仕方ないので庫裡に行って、「和上さま、先ほどの御文章を今一度お読みください。お話のきりをつけてお暇を申したいのです」と申しあげました。すると、「さきほどの御文章でよければ、これから拝読させてもらいましょう」と言って、再び本堂で御文章を丁寧に拝読されました。その時、夫婦の両眼からハラハラと涙がこぼれてきました。大瀛の声を通して伝わってくる阿弥陀如来さまのお慈悲がいただけたのです。「ありがたいなあ、願力の不思議でおたすけとは……今こそ聞かせていただきました。ナムアミダブツ」と大瀛にお礼を申して、お念仏をながら帰宅したという話が今に残っています。

(5) 実母に送った歌と手紙が残っているので紹介しておきます。

極楽の道は一すじ　南無あみ陀
　思案工夫の　わき道をすな

静かにおもんみれば、人間の生を感ずることは上々の因縁によれり。これ大なる喜びなり。されどももし仏法にあはずば枯木の春にあはざるが如し。喜びの中にもかなしみあり。たまたま人間に生れ、ことに仏法にあへる身は喜びの中の喜び、何事かこれにしかむ。たまたま仏法にあふといへども、他宗の教は我等が身の上にはかなひ難し。ここに真宗の教は末代の罪ふかき五障三従の女人をたすけたまはんと誓い給ひし弥陀の本願をすすめ給へば有難しと云ふもなほ愚かなるものなり。さればその本願をたのみて浄土に参らんと思ふにつけて、いかやうに心をもちてたすかるべきぞなれば、何のやうもなく唯我身は罪深きあさましき身ぞと思うひとりて、かかるあさましき身を本と助け給ふ弥陀如来の本願なれば、罪ふかき身ながら御助けにあづかることよと信じ奉りて少しも疑ひの心なければ、必ず御助けにあづかるなり。この趣きをしかと思ひ定めて疑ひのなきをたのむとも信ずるとも云ふなり。

　御文章に曰く、かの人体においては、はやく御影前にひざまづいて回心懺悔の心をおこして本願の正意に帰入してとあり。又曰く、これ故に南無の二字は衆生の弥陀如来に向ひ奉りて後生たすけたまへと申す心なるべしとあり。然れば弥陀をたのむとて絵像木像に向ひてたのむにもあらず。口にたすけたまへと云ふにもあらず。心のうちに御助け候へと凡夫の念をおこすにもあらず。南無阿弥陀仏は本願の御喚《よ》び声なればたすけてやるぞとよびかけ給へる、その御喚び声を聞いて御助けにあづかることよと信じて、後生の一大事をば弥陀にまかせまいらせて自力の計ひなきをたのむとは云うなり。この上は善きも悪しきも皆前生よりの約束業因のなす業とあきらて、必ず神に祈り仏にいのり其外日の善悪をえらび、方角の吉凶をとひ、天を拝し星をまつり占いにかかるなど、いまわしき心あるべからず。又さきだてる親兄弟の法事を営みたまふとも、先だてるものへの手向けまいらする心あらばこれ自力なり。親兄弟の命日にあたりて法事を営みたまふときは、忌日命日を縁として、仏に報謝のために御供養申すと思ひ給ふべし。たとひ仏壇の掃除をするとも花をたつとも香をたくとも、皆報恩と思ふべし。

信のうへは何事も報謝と思ひたまふべし。我身だにも仏にならば自由自在は済度なるべし。人の為と思召さずとも、先づ我身の信心定りぬるやいなやと思召して、自身の安心決定あるべきなり。いよいよ往生うたがひなく思召すうへは、報恩の称名怠りなく御たしなみ肝要なり。この上は御本山の掟、御公儀の御法度にそむかぬように心をかけて、御身のつつしみ第一にしたまふべきなり。

併し人によりて身のすぎはひについて偽りを云はねば身のたたぬ人もあるべし。そのほか腹もたち欲のおこるは常のことなれば、止めても止められぬことは仕方なし。往生の為とては止むるに及ばず、兎に角悪しき心の起るときは、さてさてあさましきかな、かかるものも御助けにあづかることの有難やと、却てこれを御縁として仏恩を喜び給ふべきなり。身の行ひは悪しくとも、心ざまはあしくとも、称名はうかばずとも、有難く思ふ心は起らずとも、これでは往生いかがと疑ふべからず。この者を助けんとありて厚く御苦労ましまます本願よと安堵の思ひに住して御入候へ。我安心かくの如し。これをかたみと思召して、あけくれ御らん候へ。

あなかしこ　大瀛《だいえい》

母上様

(6)

自督の安心

本願寺祖師已来の宗意は、凡夫の浄土往生を定むるに他力安心と云ふ事を本と教へられ候。故に、蓮如上人の教示御文章五帖一部と申して八十通御座候。始終世間をねんごろに示され候。別して其二帖の内、文明第五・十二月十二日の文に曰く。御開山聖人御一流にはそれ信心と云ふことをもて先とせられたり、其信心と云ふは何の用ぞと云ふに、無善造悪の我等が様なるあさましき凡夫が、たやすく弥陀の浄土へ参りなんずる為の出立なり。文明六年五月十三日の文に曰く。それ当流親鸞聖人のすすめまします処の一義の心と云ふはまづ他力の信心をもて肝要とせられたり。この他力の信心といふことをくはしくしらずば今度の一大事の往生極楽はまことにもて叶ふべからずと経釈ともに明かにみへたり。他力信心を肝要とせらるる趣意は右の二文にて相分り申候尚又極楽往生の為とては、ただ此信心ばかり肝要にて此余の義決して無之旨を第二帖の内文明六年正月十一日の文に曰く、祖師聖人御相伝一流の肝要は唯この信心一つに限れり、これをしらざるをもて他門とし、これをしれるをもて真宗のしるしとす。か様の文五帖の文の内にあまた御座候。この信心を教の通りに受得し、心底に落居仕候。

故に真宗法要改邪鈔に曰く。それ浄土一門について光明寺の和尚の御釈を伺ふに安心・起行・作業の三ありとみへたり。其ない起行・作業の編をば尚方便の方とさしおきて往生浄土の正因は安心をもて定得すべきよしを釈成せらるる条顕然なり。然るに我大師聖人この故をもて他力の安心を先としましますと、それについて三経の安心あり、其中に大経をもて真実とせらるる大経の中に第十八願をもて本とす、十八願にとりては又願成就をもて至極とす信心歓喜乃至一念をもて他力の安心と思召さるる故なり。此一念を他力より発得しぬる後は生死の苦海をうしろになして涅槃の彼岸に至りぬる条勿論なり。此機の上は他力の安心よろ催されて仏恩報謝の起行・作業はせらるべきによりて、行住坐臥を論ぜず長時不退に到彼岸の請あり。右此文に光明寺和尚とは唐朝善導大師にて御座候。安心・起行・作業と申すこと、安心と申すは右の文に顕される通り信心歓喜乃至一念にて御座候。起行と申すは行者の身口意三業のはたらきにかけて修行するを申し候。作業と申すは其上の行作を申すことに候。然れば起・作業行に対して唯心に信ずる歓喜の一念を安心と名づけられ候て、安心と申す事はかつて三業のつとめにわたり本申旨此文に明白に御座候。

右の通り三つある中に、往生の正因と申すは唯安心一つに相定て、身口意三業の起行・作業は往生の正因に非ず。然るを相混じて往生の為にする様心得候ゆへ尚方便の方と嫌はれ候。但し信の一念を他力より発得し往生の治定せし上他力の安心に催され仏恩報ずるつとめには起行・作業もせらるべきことと許され候。起行・作業と申すは同じ三業の修行に候へども、是を往生の正因たる安心の場へ混じ候しときは我往生の為と計ふ自力の心に相当り候故嫌はれ候文意に御座候。か様に少しでも自力起行のわざにわたり候処を選び捨て唯他力の信心をとりて一流の肝要と勧められ候ことは弥陀眼力の不思議を顕し、来世の凡夫を救ふを専とせられたる宗意にて御座候。

⒀ 勝解院《しょうげいん》僧叡《そうえい》（一七六二～一八二六）

(1) 安芸・真教寺の住職で、大嬴とは従兄弟です。慧雲（僧樸→慧雲）の門下です。芸轍《げいてつ》石泉派《せきせんは》の祖で、鷹城・石泉と号しています。

(2) 文化十四年の安居で『無量寿経』を講義したのですが、このときに法相《ほっしょう》表裡《ひょうり》、稟前《りんぜん》前後《ぜんご》という新名目を使って行信論を講義しました。聴衆のなかから称名正因の異安心ではないかという論議が起こり大騒ぎになりました。本山は石泉を招致して糾明しましたが、石泉は『柴門玄話』を著して、安心に相違ないことを明らかにしています。

本山は安心に相違していないことは承知したのですが、みだりに新しい名目を使わないようにと注意するにとどまりました。文政八年に本山に学階の制度が創設されて、石泉はすぐに司教五人のなかに加えられています。石泉の死後八十余年を経た明治四十四年十一月十四日に、本山は勧学位と院号を追贈しました。

(3) 『真宗学苑談叢』に、

芿園《せいえん》、木に就く（棺に入ること）の後に至りて、始めて称名正業の大幡《おおはた》を挙げ、七祖同軌の堅塁《けんるい》に拠り、四面より敵を受けて少しも屈せず、楠河州の千早窟を守るが如し。蓋し、材学江海を圧し、気焔日月を衝く者に非ざれば、雪山に非ず、古今を陶鋳し、諸家を折衷し、而して特に行信の説に於て、古人の未だ発せざる所を発して、頗る其精緻を極めたり。後世の学者、未だ少しも之が余唾を拾はざる者幾んど希なり。蓋し近世宗学の泰斗なり。

と、石泉の人柄と学問の深さを評価しています。

また、『本願寺派学事史』に、

僧叡《そうえい》・興隆《こうりゅう》の宗学に於ける、多く力を行信論に用ひ、空華《くうげ》・東岳《とうがく》（僧鎔と慧雲のこと）の学轍外に出て、別に一路を開き、その精緻を極む。抑、行を能称の上に就て之を立つるは、従前玄智の書に於て、微にその影子を認む。其後僧叡・興隆相継いで出て、各々その粋を発揮し、唱えずして相和す、而して大厳又僧叡に承けて之を修潤し、宝雲・南溪・月珠《げっしゅ》等皆同一の蹊径《けいけい》を辿《たど》るに至る。

と石泉の究めつくした真宗の行信論の深さを評価しています。

(4)　石泉は会読《かいどく》を好まなかったと伝えられています。
われに一枝の筆をあたえよ。しからば自由に宗意を発揚せん。

と言ったことがあります。安居に端を発しての異安心騒動で本山に招致されて糾明された時のことでありましょうか。愚論を聞き飽きて東山に遊び六条（本山）をみおろして、「高い山から六条見れば　今は愚僧の花盛り」と歌ってうっぷんをはらしたと伝えられています。

(5)　石泉は戯曲を好み自分でも演じ、また、弟子たちにも演じさせていました。『観経』の王舎城の悲劇はとくに好材料だったといいます。また、猿を飼って藤蔵と名づけて可愛がっていました。ある時、石泉が外出したときのことです。藤蔵は机に向かって座り眼鏡をつけて書物に朱を点じていたことがあったと伝えられています。

⒁円成院南渓《えんじょういんなんけい》（一七九〇～一八七三）

(1)　豊後・満福寺の住職で、大乗（僧樸→大同→大乗）の門下です。准水《いすい》・南溪と号しました。

(2) 村上専精博士は『真宗全史』に、

南溪は漢文を基礎とせる性相学者なりき。而も南溪は宝雲の如く専門的に内典の講義を以て得意と為す者にあらず、時勢の必要に迫まられ、対外的著作に苦心し、破邪顕正を以て生涯の勤めと為せるものの如し。

と、南溪が生きた時代とそれに苦慮しながら正義を著した生きざまを評しています。

(3) 幕末の頃に富永仲基や平田篤胤などが排仏論を鼓吹していました。七里恒順も北九州の戸畑の南溪の意見を聞こうと尋ねてきたのですが、その頃の南溪は病んで危篤の状態でした。やっとのことで面会ができたので、「実は破邪顕正のことでお尋ねにまいりました。」というと、

お前さんがここに来たのは顕正のためではあるまい。破邪のためだろう。あなたは常々に龍樹や天親の大論に眼をさらしているではないか。それが富永や平田の説ぐらいに臆することがあるのか、決して恐れるにたらん。しかし、ただ一言、あなたにいっておくことがあります。第一の難は恐るべし、第二の難は恐れるに足らず、ただこ

れだけである。平田らの難は第二の難です。それよりも第一の難が恐ろしい。それは坊主同行の無道心・無信仰です。この難が最も恐れるべし。事故の信念さえ確かであれば、百千万の大軍とても恐れるところではありません。

と言い終わって、そのまま倒れて往生したと伝えられています。この一言が七里和上の心肝に徹して終生の箴言《しんげん》になったといわれています。

(4)　あんた達は朝夕にご開山にお給仕をしようが、あのご開山が生きておられるかどうか。死んだもの、絵に描いたものにでもしてはをらぬか。もったいないことじゃ。あのご開山が満九十年ご苦労くだされたお方じゃほどに、生身《しょうしん》のご開山に直接会い奉ると思うて給仕してみなさい。一日に二回づつは会えるではないか。そうすると自ずと反省もさせていただかれるのじゃ。

(5)　いつも門徒と一緒に自坊の法座で聴聞していました。ある布教使が「和上、あなたがおられると、どうも説教がしにくて困ります」と、申したことがあります。その言葉を聞いた南溪は、

　あなたは如来さまは死んでいると思うているのか。わしがいるので説教しぬくいな

どといわれるが、如来さまの御前ではなんともないのか。如来さまが聞いておられる前で説教されるのに、凡夫のわしの前では説教しぬくいとは、チトわけが違いませんか。如来さまを死にものとあつかうから、そんな考えちがいをするのじゃ。これからは気をつけて、生身の如来さまの御前で法を説くつもりで説教せねばなりません。

と一言申したといいます。

(6)

南渓の臨末の法語が残っています。

愚老、春秋つもりて八十歳なり、世に珍らしき娑婆逗留いたし、既に今日まで往生の期も未だきたらず、危き世界に一日を過しくらし居申候。今より昔を思へば、十五歳以前は覚えなけれども、我家を十五歳にて立入で一所不住の身となり、東西駆あるき、南北を尋ねまわり、師を求め道を問ひ、其間には世路の艱難をゆき、人情の風波を凌ぎしことを思へば昨夢の如し。実にや行路難、山にあらず水にあらず、只人情反覆の間に在りと古人の申しせし如く、名利のためにうろたへ、人情のために馳走して、長き旅路をば今迄過し来り、もはや一歩もゆかれざる極老の身となり、往生を待受くるばかりに候。

一昨年より中風病気起り、はや娑婆にて云ふべき事も案ずべきこともなしと、覚悟をきめて、在寮の所化に遺語まで申たれども、直に死すべき覚悟が延びて、去年の冬又中風再発して、もはや前路は一足もなしと思ひ、善知識より賜はりし「至安養界證妙果」の御染筆を枕上に掛けて、朝には今日こそ至安養界なりと思ひ、夕には今宵こそ證妙果なるべしと覚え、一口宛を送りて善知識の御染筆なり、高祖聖人の御直の御法語なり、祖師善知識の御教化と心得て、称名相続し毎日毎夜往生の素懐を待居ることに候。この節、今生暇乞ひのために一紙の法語を賜りくれよとの頼みにつき、別に珍らしきことを教導すべき訳はなけれども、一言を申送るべく候。

かねて御聴聞の通り、只深く願ふべきは後生なり、又頼むべきは弥陀如来なり、信心決定して参るべきは安養の浄土なりといふ御教化を忘れぬやうに心に浮べて、称名相続する外なし。然れども世路の事に頓着し、願ふべきは後生なりとの御教化を、一つも我身のこととせず、願ふものは今生ばかり、内処の世話、子供の世話。願ふべき後生を捨てて只今生のみ願う様な心で暮しては、仏祖の御台所に住居する身には甚だ畏れ多し、恥べきこと也。頼むべきは弥陀如来なりの御教化も、しかと耳に入らず、頼みにならぬ今生の事ばかりに貪着しては、頼むべき弥陀如来が頼みに思はれず、如斯心なら信心決定して参るべきは安養の浄土なりといふ決定の心は何処へやら、余所ごとにして、我身のこととは思はれぬやうになる。それでは浄土を願ふ行人とも、弥陀を頼む信者とも云ふ可からず。世間の俗流が今生を願ひたよりにならぬ世界のことを頼りにして朝夕うろたへ廻ると同じこと也。それでは仏祖の御用物にて、衣食する寺に住居する身とは名け難かるべし。是故に只頼むべきは弥陀如来なりといふ処にすわりて、未来の大事を安堵決定して往生を待ち受くるといふ御領解、これこそ寺に生れ寺に住む身の仕合せ也。

さて信心決定とはいかなる心ぞ。蓮如上人は弥陀の勅命を愚かな者の耳に入るやうに御教化なされて、阿弥陀如来の仰せられるやうは、末代の凡夫、罪業の我等たらんもの、罪はいかほど深くとも我を一心にたのまん衆生をば必ず救ふべしと仰せられたり。是は唐土の善導大師が、十八願の御みのりを譬へを以て知らせ給ひし御教化に、「西岸上に人ありて呼んで曰く、汝一心正念にして直に来れ、我よく汝を護らん、すべて水火の難に堕せんことを畏れざれ」とて、十方衆生を下々品の衆生ときめて、この下々品の悪人が利他の大信心を得、往生決定の嬉しさが意に溢れ、身にあらはれて乃至十念の称名となる、如是心得のもの若し往生仕損じたら正覚取らじとの十八願の御誓ひ、この御誓ひのままを西岸上から招き呼んで下さるといふ御教化なり。夫れを末代凡夫の耳に入りやすいやう、蓮如上人手やすく示されたが今の御文章なり。

善導大師も蓮如上人も、西方から爰に出現ましまして、八十種好の弥陀相好を隠し、人間すがたとなりて聞かせ給へり。是則ち「我が使ひに我ぞ来にけり」と、自身の誓願を自ら漢字や和字にて知らせ給へる十八願の御教化也。信心決定とて別のことはなし。此招喚を伝へたまひし御教化が未来に於ては当になり力になり頼りになる、この願力をあてにし頼みにし力にして、聊かも二の足踏まず危く思はず、勅命の儘に随ふが信心決定といふもの也。これが往生のたねなり、極楽の道ゆき也。

かくの如く、頼むべきは弥陀如来、信心決定して参るべきは安養の浄土なりと明かに聞いて、美しき領解がきまらば、其後はわづおか五十年の道行を仕舞ったら、御約束の通り安養浄土の妙果を證る、これが至安養界證妙果との祖師聖人の御教化の意なりと知るべし。愚老が如く八十四になるまで、坂路を上ったり難処を行ったり、歓楽苦痛の悲喜にも、又は花鳥風月の遊びにも交りし身が、今より昔を顧みれば、何一つ我身に附けたものはなし、苦も楽も名聞も利養も皆夢なり幻なり、夢中の花鳥風月、幻の前の名聞利養を捨てゆく身と思へば、娑婆のこせに一つも心残りはなし。唯「我能護汝」との願力一つを当てにし、若不生者の受合を頼みにして称名怠りなく、毎日毎夜に存生を待受けて、一日づつを暮しゆくことに候。

願くば有縁の同行、寺門の者までも、横道をゆかぬやうに願ふばかりに候。昔より因縁ありて、其寺には毎度行って教化したることもあれど、早やお互に今生の対面できぬ身となりし故に、我覚悟だけを書けつけて送り候。有縁の同行にも我跡を踏んで往生しぞこないの無き様に信心決定いたさるべく候。蓮台上に待受けて長き物語は其時にいたす候。

あらあらかしこ

明治二年巳五月十六日

娑婆仮名人円成院老僧当年八十歳判

⒂ 労謙院善譲《ろうけんいんぜんじょう》（松島善譲　一八〇六〜一八八六）

⑴ 豊前・照雲寺の住職で、性海（法霖→僧樸→僧鎔→道隠→性海）の門下です。空華学派の大成者です。門下生は全国にわたっており千人を数えるといわれています。

⑵ 鈴木法琛《ほうちん》は『真宗学史』の中で、

大正八年、門人相議し三十三回忌を修し、追講の筵を開く。諸方より来集の門人中、嗣善海を始めとし、慧雲、恵覚、範嶺、教遵、雷響の六勧学あり。派内十人の勧学職中、其六人は一学匠の鑪鞴《ろひ》より出づるが如きは、古来未だ其比を見ず。

と、秀れた門下生を持つこと古今その比を見ないと絶讃しています。

空華学派を継承しているのですが、とくに行信論において鍛錬をかさねて一家の学説をたてて空華の学説はほとんど完璧の域に達したといわれます。門下の行忍をして、

先師の説を知るにおいては宗乗さらに不足あるべからず。

といわしめています。

(3) 毎日本堂の内陣を掃除している間は小さな声でお念仏を称え、その声は一時も途絶えることがなかったといいます。掃除が終わると灯明・香火を供し正座して読経をするのが日課でした。読経が終わるころには外が明るくなってきていました。この日課は一朝も怠ることがありませんでした。また、その身なりは墨染めの布袍をつねに服して飾らず質朴をむねとした生活でした。

(4) 善譲によって真宗の行信論は完璧の域に達したといわれていますが、明けても暮れても思索を重ねていました。宗祖聖人の真精神を求め、その表現について考え続ける日暮しをしていました。ある炎天の日に、善譲は日傘をさして歩いていました。宗義を案じながら歩いていたのですが、思索に熱中して傘は横に傾いて、頭部には日光がカンカンにあたっていました。これを見た子供たちが笑っているのも少しも気づかない様子の善譲でした。こんな風景は珍しいことではなかったようです。

(5) 花田凌雲の『宗義要論題言』に、

故労謙院は必ず草稿を仏前に供えて夢にも謬りなからんことを念じて後高座にあがられたと云う。

と、善譲の伝道の準備と心がまえを伝えています。

(6) 法語①

どうしたら信じられるのか？疑いが晴れるのだろうかと信じ心に機をわずらう人々がある。ご開山は『浄土文類聚鈔』に教・行・信・証の四法を教・行・証の三法に縮めて、信ずる信心までも名号のなかに摂めて、衆生の信ずるありたけが名号大行のはたらく相であって、行者の手元に〈信ずる、疑う〉の造作はまったくいらぬことじゃとお知らせくだされて万行円満の嘉号は障りを消し疑ひを除く。

法語②

障子がバタバタいう、波がザワザワいう、みなこれ風の音である。衆生の信ずる信心も、衆生の称える称名も、みなこれ法体大行のあらわれてゆくすがたで、南無阿弥陀仏の妙行が衆生の心に立ち入って、信心となり、口にあらわれて称名となる。この味わいを『安心決定鈔』に「弘願正因のあらはれもてゆくゆへに、仏の願行のほかには別に機に信心ひとつも、行ひとつもくわはることなきなり」と仰せられている。第二十願の念仏も、第十八願の念仏も、ともに南無阿弥陀仏と称えることであるが、第二十願の念仏は衆生の念仏、第十八願の念仏は念仏の衆生である。衆生の念仏は口が念仏を使う、念仏の衆生は口が念仏に使われる。自力の念仏は励みの念仏で、他力の念仏は勇みの念仏である。あら面白や面白やと勇み称えるは他力大行の念仏である。

(7)　浄範の老母に送った手紙

一筆申し進じ候。承はり候へば、御病気の由御笑止の至り、精々御薬用なされ度候。さてお互いに、稀に南浮の人身を得、王法の御恩沢をこおむり、且つ又本願力の大法に遇ひたてまつり現世を安穏に暮らし、将来は安養の往生を遂げん事、無始已来超世の大益なり、かねがね御法義御嗜みの由、何より何より随喜の至り返すがえすも大切に御引き受けあり度候。高祖上人は「如来の本願真実にましますを、一心なく深く信じて疑はざれば、信楽と申すなり」、蓮師は「かかるあさましき機を本とたすけたまへる、弥陀如来の不思議の本願力なりと、深く信じたてまって、少しも疑ふ心なければ、必ず必ず弥陀は摂取してたまふべし」と仰せられたれば、いかなるあさましき女人も、願力の強縁にて往生をとげ候間、一心一向に阿弥陀如来たすけたまへと、深く心に疑ひなく信じたてまつれば、その信ずる一念に、必ず必ず摂取の大益をこおむり、往生の素懐をとげたてまつる事也。依りて命長らへの間は、報謝の称名よろこびたまふべし。まづはあらあら申し進じ候。

明治六年六月三十一日　　　豊前　照雲寺善譲

浄範師の母へ

(8) 辞世

偶作リ二南浮ノ客一　希ニ聞ク二至徳ノ名ヲ一
願クハ同ジク二諸ノ兄弟ト一　速カニ到ラン二涅槃ノ城ニ一

⒃ 高山院《こうざんいん》吐月《とげつ》（摂受吐月　一八一一〜一八九四）

(1) 豊前・光楽寺の住職で、月珠（僧樸→僧鎔→道隠→月珠）の門下です。水明と号しました。

(2) 隣家の娘が亡くなり悔やみに伺いました。悲嘆にくれている両親にむかって、この家の娘は生きていたのか、死んでいたのかね。

と尋ねました。この奇異な質問におどろいた両親でしたが、

もちろん、はじめから死んでいたのではなく、生きていました。

と素直に答えました。これを聞いた吐月は，

そうじゃろう。そうじゃろう。生きていたのにちがいない。生きていたとすれば死ぬのは当然じゃ、なにも嘆くことはあるまいに。

と言ったといいます。

ところが、今度は吐月の娘が亡くなりました。そこで隣家の主人が悔やみにきて、

お寺のお嬢さんは死んでおられましたか、生きておられましたか。

と尋ねました。

それは生きていた。

と答えると、「生きていたものが死ぬのはあたりまえでしょう」と言いました。すると吐月は、

理屈はその通りじゃがのう、他人の娘の死んだときは理屈ですむが、自分の娘が死

んだときはやはり悲しいわい。

と言ったといいます。

(3)

雲山龍珠が十七歳のときに、吐月に挨拶をしました。

「お前さんいくつになったかね」

「ハイ、十七になります」

「おおそうか、動物でも小さいときは可愛いものじゃ。これからだんだんと人に好かれるぞ。だが、お前さんは如来さまがありがたいか」

「ハイ、ありがたいと思います」

「イヤイヤ、まだありがたみが本当にはわかるまい。わしのように八十の坂を越してみなさい。家庭のなかでは目汁や鼻汁の老人はむさくるしいとみんなから嫌われものになっている。みんなに嫌われるようになってしみじみと如来さまのお慈悲を味わさせてもらうようになったのじゃよ」

⒄願海院義山《がんかいいんぎざん》（足利義山　一八二四〜一九一〇）

(1)　備後・勝願寺の住職で、慧海と泰巌（僧樸→慧雲→僧叡→慧海・泰巌）の門下です。鳧水《ふすい》と号しました。

(2)　性格は温厚で、いつも和顔愛語で接して人と争うことがまったくない人柄のもち主でした。しかしながら、学生に教えるときは、

　教義の研究と安心の領解を決して混同してはなりません。

と厳しく誡めていたといいます。自らは石泉学派でしたが、広く空華などの諸先哲の教えを研鑽して一家をなしていました。

(3)　新門（大谷光瑞）の随行をして筑前の貝塚家に行き、帰京後に荷物を整理していたら反物に添えた奉書の紙包がありました。それを開けてみると百円紙幣が入っていました。当時の百円は途方もない高額なお金です。これを見た義山はすぐに法衣に着替えて、その包みをもって外出しました。しばらくして帰宅した義山は、

やれやれ、これで気が落ち着いた。月給をいただいているうえに、余分な大金をもらうと気が重い。いただいた大金は本山の護持会に寄付をしてきた。あんな大金を持っていると気持ちが悪いから、正直そうな顔をしている宿直の人にあづけてきた。やれやれ、これでさっぱりしたわいな。

と衣をぬぎながら、娘の和里子さんに言ったそうです。和里子さんが、郷里の母におくった手紙の中に事の始末を書いて、

お金にご不自由している母上に、そのうちの一部でも送ってさしあげればいいのに。

と書きました。それにたいして母からの返事は、

父上のその御とりはからいは何よりも結構なる御ことにて、私もうれしく存候。そのやうな分にすぎたお金を、われわれが徒につかひ候ては仏罰が当り申すべく候。此の後とて、父上のあそばさるることは、何事もよく覚え候て、御手本になさるべす候。

というものでした。

(4)

「前田さんもなかなか学者であり、頭脳もよくて恐ろしくかみついてこられるので、おもしろくてたまらん」と言い、毎日朝早くから晩遅くまで勉強をしていました。

あんたとわしとはながい間議論して学んできたが、学問も議論も結局は何の役にもたちません。往生の一大事にいたっては、あんたもわしもイロハもしらぬただの老爺にならねばいけません。思えば思うほど、広大無辺な大慈悲でありますのじゃと、あんたのお父っつあんが云われた。あんたたちも、お父っつあんの言葉を忘れないようにしなさい。

と、会うたびに前田慧雲が義山の子息の足利瑞義に話をしたそうです。

(5)

足利瑞義が父・義山の思い出話をしています。

恵海和上について宗学を学びだして六・七年経った頃、父はお聖教が欲しくてならないが、それを買うお金がなかった。一夜考えあかして、父の形見の絽の衣とお聖教を取り替えたことがあった。他日、母の膝下に伏してその罪を詫びた。母は「父上は衣をあなたに与えたが、それがよき導きのお聖教と取り替えられたまでであります。心配にはおよびません。」と、よろこんで話したと言われた。それで父は安心したが、そのことを思い出して泣いていた。父は老年になってもよく勉強をしていた姿が思い出される。

また、「夏蚊やりをたくと蚊が死ぬからたくな。団扇《うちわ》であおいでいたらいい」「気が散るから誰もいないほうがいい。早く蚊を追い出して襖をたてることにした」と言って、勉強をしていたが、さぞ蒸し暑かったことでしょう。

また、寒いときはアンカにあたって本を読んでいた。ある日に、「ちょっと来てくれ」という声がしたので、飛んでいきました。すると、「布団というものはよう焼けるものじゃの。知らぬ間にこんなに焼けている。硯の水をかけてもなかなか消えんもんじゃの」と言う。私が見てみると、火がきつすぎたのでしょう。火のこげつきが布団を通して本のはしまでついている。父に「少しお眠りになったのですか」と尋ねたら、「イヤ、ちょっとも寝てはおらぬ。この本を全部拝読しておしいただいて読んでいたら、こんなに焼けていた」という返事でした。ちょっと想像もできないくらいですが、よく勉強したものだと思う。精根つめると火の暑いのも分からなくなるものかなあ。

(6)　『義山法語』の一節

よろこおばれぬときは無理に喜ぶにも及ばず、ただ称名して御たすけをまつべし。声にいだすこと苦しければ、心のうちにて称へてもよきなり。往生浄土の望みなきにあらざれども、世にまつはりて道心もおこらず、あさましく暮らすにつけて、これにては御たすけもあるまじなどと気遣ふはあやまりなり。

かかる懈怠のものをも救ひたまふ願力ぞとよろこぶべし。またわが心をいろいろと案じまはして、これにてよきか、わろきかと、はからひをれば、ワヤワヤとしてなんにもわからずなりゆくものなり。これみなてづよき願力を外へとりのけて、いらぬ心配をなすなり。

(7) 義山はたくさんの歌を残しています。その中から抄出してみます。

はかりなき命のほとけましまして　われをたのめとよびたまふなり

ゆくさきはたのむ初めにさだまりし　その嬉しさを口にとなふる

すてじてふかたきちひの御光に　をさめとられし身こそやすけれ

このままを救ふといへる喚声を　うたがはぬをぞたのむとはいふ

たのむとはわがはからひを捨てはてて　まるまるすがる思ひなりけり

よろこびの日に日に近くなりゆくを　よろこびえざるわが心かな

(8) 辞世

八十余年罪山の如し

来生必定無間に堕せん
唯帰す本仏弥陀の力《ちから》
命終の時に臨んで心自ずから閑なり
生まれずば覚らじとこそ誓ひてし　弥陀の御国へ今ぞゆくなれ

⒅願《がん》行《ぎょう》院《いん》恒《ごう》順《じゅん》（七里恒順　一八三五〜一九〇〇）

(1)　筑前・万行寺の住職で、僧朗と宣界（義教→北天→僧朗→宣界）の門下です。松花子と号しました。

(2)　宣界の紹介で万行寺に入寺して、前住職の曇龍が開設した甘露窟を再興して学徒を教育しました。明治八年に本山の命によって東京に出張中に万行寺が焼失したので、他宗の寺を買って移築しました。その激務のなかでも学生への講義と同行への法話は一日も休むことがなかったそうです。明治十三年に本願寺が東京移転する問題がおこり、明如の召しに応じて北畠道竜と大洲鉄然の軋轢を調停し、十四年末まで本山の要職について宗政に尽くし、明治十五年一月に自坊に帰ります。それから専ら道俗の教化に尽力して、その活動は激務でしたがまったく懈怠の色をみせなかったといいます。それは午前七時から十二時まで龍華教校の学生に講義をし、午後は全国から集まってくる同行に法話をし、夜は市内の寺院や自坊で毎月の常例法座を七十七座開催して自らが四十五座を担当していました。これは入寺してから三十年一日のように続けています。

(3)　伝道を始める前には誰とも話をしないで静かに瞑想して構想を整えてから、伝道をはじめるのを常としていました。また、伝道を終えてすぐに退出をしないで、しばらくのあいだそのままの位置で静かに称名念仏をしているのが常でした。そのために参詣の人たちもそのまま残ってお念仏をしていたそうです。

(4)　伝道は巧みを極めて坦々たる念仏の大道を止まることなく応病与薬のように伝え、機知縦横の説法は聴くものすべての人を念仏の教えに信仰せしめたといわれます。聴聞するために、安心上の疑問をただすために、日本各地から遠近を問わず長蛇の列をなして群衆していたといいます。聴聞にきた同行のための旅館が万行寺付近に数十軒も建ち並んでいたといいますから、そのすごさに驚嘆します。

(5) 世間では「仏を拝むなら本願寺に詣れ、法を聞くなら万行寺に行け」という対句が流行していたそうです。政府から明治七年八月に中講義、明治八年一月に大講義という地位をあたえられましたが、明治十三年九月二十八日にその上位の権小教正という地位をあたえられる通達があったのですが、「菲才その任に堪えず」とこれを辞退しています。また、本山から勧学職を授けられたのですが、これも固辞して終生勧学になることを受け入れませんでした。明治三十三年一月二十九日嗣子の順之を枕元によんで「正信偈」を勤行して往生しました。七里恒順の往生を悲しむ声は全国をゆるがしたといいます。本山は即日に勧学職を授けました。

(6) 布教使を志す人は、七里恒順の法話と言行が収載されている『七里和上言行録』が今でも容易に入手できるので、一度読むことをおすすめします。

(7) いつも学徒に誡めていた次の言葉が残っています。

偸三宝物《ちゅうさんぼうぶつ》・虚受信施《こじゅしんせ》・不浄説法《ふじょうせっぽう》の三罪、すなわち、三宝の物を盗んではならぬ。信仰なくして信施を受けてはならぬ。不浄説法をしてはならぬ。

寺ありとも仏法のなくんば魔の巣窟なり。寺なくとも仏法あれば古仏の道場なり。

また、「道心のうちに衣食あり、衣食のうちに道心なし。」という伝教大師の言葉をよく引用して誡め、

影法師を追うな、追えばにげるぞ、追わねばついてくる。

と、僧侶は金銭をほしがってはいけない、道心があればそれらは自らそなわってくると誡めていたそうです。

(8)

ある同行が尋ねました。

往生の大事を心にかけて聴聞をつづけています。しかし、願力不思議ということも、名号ひとつのおはたらきということもうたがいませんが、どうして安心・安堵の心にならないのでしょうか。

それには二つの病気がある。

一つは願力不思議とききながら何かおみやげをこしらえたいと思う心がのぞかないことである。自力の善根をたくわえようなどという心はなくなったが、落ち着きたいという心が切れないで、法のおてもとを聞いてうけとることが後になって、この心に値打ちをもたせ信心を認めようと思うからである。その心の方向をあちこちにかえて、

おたすけのおてもとをよくよく聞きなさいよ。

自分で自分が往生の大事を気にかけて心配することをやめ、如来が五劫のあいだご心配くださったことを思い、自分でわが胸をながめて、はやくおちついた心になりたいと、けわしく思うよりも、十劫正覚のいにしえからながめて、はやくおちつきたい心にないたいと、けわしく思うよりも、十劫正覚のいにしえから私の往生一定の時を待ちわびたもう大悲のお心はいくばいかせつないお心であろうと思って、内に案じる心の向きをかえ、仰いで如来のおてもとを聴聞しなさい。そうすれば、何を疑うべきことがあろう。〈弥陀大悲の誓願を深く信ずる〉ということは、法のおてもとの強さをその如く真受けなったのをいうの、わが心を深めて信ずるのではないのじゃ。

二つには往生を認めようと思う心が先になってご本願を後にするという病じゃ。われらの信心は浄土に望めて起こすのではない。本願に望め安堵するのじゃ、われらはただ本願に乗ずればよい、往生は仏のかたより願力の不思議として、治定せしめたもうのである。たとえば、九州から京都にのぼろうと思って、博多か門司の海岸にいたったとき、ただ早う京都へ行こうと心に京都のことのみを思うて船に乗ることを忘れたならば、いつまで経っても三十六難をこえられるものではない。そこで、この海岸に来たときは、京都のことを思う心をしばらくやめ船に乗ることを考えなさい。出船の時間にはずれないように乗り込みさえすれば、京都に行こうという切なる思いも、その思いためにに早く着くのでもない。また、忘れていても遅刻することもない。まったく船の力にまかせて船の力ひとつで京都へ行くのじゃ。

今、願力に往生をまかせるというのは、この船に乗ったような味わいじゃ。祖師も〈タダ不思議ト信ジルウエハ、トカクノ御ハカラヒアルベカラズ〉と仰せになってあるから、わが胸をながめてとやかく思うのは、みんなはからいであって、自力の病気がのかんのじゃと思うてひとすじに如来の願力におまかせしなさいや。

と答えています。

⑲広済院悟峰《こうさいいんごほう》（高松悟峰　一八五六〜一九三九）

(1)　安芸・西向寺の住職で、義山（僧樸→慧雲→僧叡→慧海→義山）の門下です。石瀬と号しました。

(2) 悟峰は学問も熱心でしたが、何よりも法悦の念仏者として有名です。天性柔和で温容玉の如くであったといいます。生涯にわたって荒げた声色を聞いたことがなく、怒った形相を見たことがないと誰もが語っています。いつでも口をついて出るのはお念仏だけのような僧侶でした。自坊に真宗学寮を創設して子弟を教育しています。学生に対して機会あるごとに、

どうぞ、ご法義を大切に……お慈悲をよろこんでくださいよ。

と語るのが口癖だったそうです。悟峰の優しい目と和らかなお声を聞いている学生や同行は、それはもう生身の如来さまとしか思いようがなかったといいます。こんな和上さまに会ってみたいですね。

(3) 当時、大乗非仏説が問題になっていた時、

経典のとおりですよ。経説のとおりを信ずるのですよ。

と念をおして誡めておられたそうです。

⒇是心院恵覚《ぜしんいんえがく》（是山恵覚　一八五七〜一九三一）

(1) 備後・真行寺の住職で浄観（僧樸→慧雲→僧叡→慧海→浄観）の門下です。

(2) 自坊に光宣寮《こうせんりょう》を開設して宗学研究に従事する傍らに石泉や芸轍《げいてつ》の遺稿を刊行しました。大正十三年に仏教（現在の龍谷）大学教授を辞して勧学寮頭を命じられて、宗学院を創設しました。宗学院長を兼ねて講師をしていたのですが、その時の『教行信証』の講義録が、現在も宗学を学ぶものに重宝されている『本典研鑽集記《ほんでんけんさんじっき》』二巻です。

(3) 大正から昭和時代を通じて宗学の第一人者と称せられます。学風は必ずしも一学轍にこだわらず理長為宗をもってその方針としています。とりわけ、石泉の学説を研究してその遺稿の出版に努力しています。その当時までは石泉の教えは誤解されて邪説のように扱かわれていたので、仏教（龍谷）大学には石泉の書籍は皆無でした。そのような事情のなかで、恵覚は石泉の学説を宗学のなかで不動のものにした功績を残したといえます。現在の私たちが石泉学派を空華・豊前・芸轍などの諸学派と並んで認め学ぶことができるのは是山恵覚の功績です。

(4) 大江淳誠が『龍谷教学』（十号）に「回顧六十年」に一文を載せています。

是山和上のお話によると一番初めにやるべきものが『教行信証』、最後の仕上げがまた『教行信証』である。………ということばを承りましたのです。

そうして一週に二回出ました。ところが非常に厳しい御指導ぶりで、それまた身にしみて非常によかったのです。読んでこいこいというて、読んできて、あそこにある、ここにこう書いてあると申すと、そんなことは家でやることで、いうても何にもならん、自分で一つ考えたことでいわねばダメだ。一人へり二人へり、だんだんへってしまったが、へったほうが私には大変都合がよいので、ゆっくりとその厳しい御指導を受けました。それで私は「我れ名師に遇えり」という感をその時に懐いたのであります。………

非常に示唆に富んだ教訓を受けた。

(5) 辞世

断末臨終ノ夕　翻シレ迷還ニ本家一

前程知ル不ヲレ遠カラ　早已ニ雨ラスニ天華ヲ一

㉑浄徳院龍珠《じょうとくいんりゅうじゅ》（雲山龍珠　一八七二〜一九五六）

⑴　豊前・明徳寺の住職で円月（僧樸→僧鎔→道隠→月珠→円月）の門下です。

⑵　いつも龍珠は、

私は田舎の小さな寺に生まれたが、法味を愛楽する両親に育てられ、慈愛溢れる和上かたに教導をいただけ、先輩や学友のおかげで今日まで仏祖に仕えることができました。御報謝の万分の一をも勤めさしていただくことは、善知識と有縁の同行がたのおかげです。もったいないことであります。

と、あるいは、

世の中には実力があっても世間がかってくれない人もあるが、実力のない私を世間の人がよってたかって荘厳してくれる。もったいないこと、すまんことである。

と、有縁の人に申されることが多かったといいます。

法語①

御当流の御安心は法の丈夫なのがそのままわが機にうつって決定安堵の思いになるのである。法の丈夫なほかに別に機が丈夫になるというものではない。豊前の労謙院の前で、ある同行が、

南無阿弥陀仏という名を聞かば、ああはやわが往生は成就しにけりと思うべきなりと仰せられた。これは南無阿弥陀仏のご成就あそばされたのが、私の往生した証拠である故、何も心配することはございませんと思いますが、いかがなものでありましょうか。

と申された。この時に労謙院はその言葉をよいとも悪いとも申さず、「その丈夫な必ずすくう南無阿弥陀仏様が必ずお前の胸の中に通ってくださるぞな」と一声申された。それを聞いた同行は何の言葉もなかったということである。これはまことに味わいあるお言葉で、如来のてもとに成就なされた南無阿弥陀仏が生きておいでる故、我等が胸に立ち入って大安堵のご信心となしていただく、これがご正意の味わいである。

法語②

「当流の安心は阿弥陀如来という仏体をたのみにするのか、阿弥陀如来の名号安心の

法を信じたてまつるのか」というお尋ねであるが、概して二派にわかれているようである。その一方の説によると、所帰は人を全うするところの法であって、名号勅命が所聞所信の境であると申すのである。もっとも勅命のうちに「我」をたのめ必ず救うと仰せられて、「我」という仏体もあれども、勅命のうちの仏体であるゆえに一勅命を聞信するというほかに、別に仏体所帰として引きはなして談ずるべきものではなく、われをたのめ必ず救うと仰せられる勅命を聞信するというよりほかはない故に所帰は名号勅命であるというのである。

また他の一方の説では、所帰の体は阿弥陀如来という仏体のほかはない、なるほど勅命を以て衆生に示したまえども、その勅命の目的は「我をたのめ」という仏体に眼をつけしむる手段なる故、衆生の帰受は阿弥陀如来という親様がこの私をおたすけくださるぞと、信ずるほかはない故に所帰の体は法を全うするの人であると説くのである。かく随分むつかしき問題でありますが、私は人法不二であって、人法を引きはなして説明すべきものではあるまいと思う。喩えば病いを治すには医者が治すのか、また薬が治すのかというに、薬のみで治すこともできないとともに、薬をもたない医者のみで病いを治すということもできませぬ。今も願力の薬を有せない阿弥陀如来の医者ばかりでは衆生の無明の病いを治して往生せしむることもできないとともに、阿弥陀如来の医者をはなれた願行の薬のみでも衆生の病い治して往生せしむることはできぬ。

しかれば人にも法にも一方に偏すべきものでなく、医者と狂いと相そろうて病いを治すと同一に、人法具足して衆生を摂取するの力用《りきゆう》を示すことができるともうすべきである。さらに一歩すすめていえば、世間の医者と薬は不離の関係はあるが、医者即薬という不二の関係はない。しかし阿弥陀如来という人と摂取不捨の願力の法とは人法不二の関係を有している。よって「玄義分」に「今無量寿といふは是れ法、覚は是れ人、人法並べ彰す、故に阿弥陀仏と名くと」と仰せられて、阿弥陀仏を人法にあてて人法不二のこころを示されてある。

(22)香樹院徳龍《こうじゅいんとくりゅう》（一七七二〜一八五八）

(1) 越後・無為信寺の住職で、香月院深励《こうがついんじんれい》の門下で、大谷派講師（本願寺の勧学にあたる）です。

(2) 臨末の教誡

問いてたのしむ身のうえが、いふて手柄にするぞおかしき。いはぬを手柄と思ふなよ、聞き得たままを繕ろはず、いふてなほしてもらへかし。

問いて覚えていふことに、骨折る人らあはれなれ、問い得ることぞ大事なり。聞き得たうえのたのしみは、拙《まず》き言葉でありながら、胸のありだけ語りあひ、御慈悲喜ぶたのしさは、覚えた人は味しらず。忘れとうても忘れられぬは、如来をたのむ心なり。

(3) 香樹院の遺文《のこしぶみ》

人間に生れぬる大事は、ただ後生の一つ也。誰かこれを知らむ。しかれども、よく知る人甚だまれなり。仏祖これがために大悲の胸を傷めさせたまふ。ただ願はくは念仏の行者、一味の志をもつて、自信教人信のつとめをなして給はらば、予がなきあとの喜び、何事かこれに如かん。得やすくして得難きは他力の大信、守り難くして守りやすきは信のうへのつとめ也。

徳龍

念仏行者御中

(4)

法語①

江州醒《さめ》ヶ井《がい》のみそすり屋にて、

香樹院いはく、婆々そのままのお助けじゃや。

婆々いはく、ありがとうございまする。

いよいよこのままのお助けでございまするか。

香樹院いはく、

いやそうでない、そのままのお助けじゃ。仰せをもちかへるなよ。

婆々、おどりあがりて喜びぬ。

法語②

時々仰せられ候

浄土真宗の法門は聞の一字をもて他力を顕し給したまふなり。弥勒に先立て成仏するは聞の一字にあり。大経に聞其名号とあるは、凡夫の智慧や分別にて聞き分ける聞に非ず。我れ知り分け聞きわけたるを聞いたるやうに思ふゆへ、増上慢を起こすなり。

因縁さへあれば五つ六つの子供でも聞き分けらるるが浄土真宗の御法也。信心を得たるものは却って聞きたく思へども、うかうかしているものは早や心得顔になりているなり。信心は体の如く、聴聞は食べ物の如く、称名念仏は息の如し。

法語③

美濃のおせき、手水《ちょうず》おけさげて庭さきにまいったとき、香樹院が急に、

　おせき、極楽まいりはどうじゃ。

とおおせられた。おせきは、

　はい、これなりでございます。

と直ちにもうしあげれば、香樹院のおおせに、

　おせきはよく聴聞したなあ。

(5)

香樹院の「私記録」中に、次の言葉が残っています。

六字のいわれをきくとは、御助けの法のままをきくこと、その御助けを聞くままをたのむとは云うなり。聞くままをきくにあらず。ままの沙汰までもいらぬことをきくなり。御聞かせの聴聞の法のなかに、よくきく能帰の機までも成就してあるゆへに、聞くま

まを信心と云うなり。

後生たすけたまへとたのむ能帰の体は聞いて覚えたでなし聞いた功でなし、たすけたまへとたのむ能帰の体は摂取なり。御助けの法のままが私の領解とはこのことなり。実言の外に信心なり。生れられぬままで生れさそうの仰せが聞こえたれば、なろうつもりはいらぬことなり。

きくとは聞き心を離れて、御聞かせの法味を甘んずるばかりなり。摂取して捨てぬとある。大悲のまことが聞こえてみれば、助かりたいがいらぬ。落ちまいかがいらぬ。しあがることはいらぬ。ただ実言の御働きを仰ぐばかりなり。如来永劫の修行を全体施名として施す法なれば、百千音声の法なり。音声の法なれば、六字のいわれを聞きひらくなり。六字のいわれとは助け上手をきくなり。

しかし聞くとは雖も、声と言葉は心の使いなり。故に声に離れた言葉につかず聴聞に分かれ、阿弥陀如来の御心を知る一つなり。知るべきを知るに非ず。知った心に目をかけず、信心の功をみず、ただ所信の法の功を知る一つなり。阿弥陀の三字を、おさめたすけすくうとよめるいわれあるなり。機の造作を離れて唯大悲の実《まこと》を仰ぐばかりなり。

㉓一蓮院秀存《いちれんいんしゅうぞん》（一七八八～一八六〇）

(1) 赤穂・万福寺の住職で大谷派講師です。香月院深励の門下で香樹院の弟弟子として有名です。

(2) 江州信次郎へのかたみの文

今はとて何をかいはん南無阿弥陀仏
　　仏ははちすをささげぞまつ
うちわへて波こそさわげひろさわの
　　池のこころに月さやけしも

五濁悪世のわれらこそ
金剛の信心ばかりにて
ながく生死をすてはてて
自然の浄土にいたるなれ

あらおもしろや　あらおもしろや

弥陀を深くたのむばりにて、往生は仏のかたより定めましますが、その証拠が南無阿弥陀仏なり。

(3) 一蓮院の歌

勅命はただ一声と思ひしに　今日もくる日も弥陀のよび声

何事も夢のうき世と思ひなば弥陀をたのむぞ賢こかりける

そのままときく毎に涙かな　かぎりなき身をすてしよび声

あほになれあほにならずばこの度の浄土参りはあやうかりけり

あほにさへなること知らぬこの身にて浄土参りはうれしかりけり

みちぬれば欠けくるならひのかがみぞと空に見せつる月のかげかな

すがる手を力とはせしおさな子のいだきあげたる母をたよりに

(4) 法語①

美濃の同行が仏法を大事に聞いているが未だに安心できないから、一蓮院に面会して相談しました。

一蓮院、「そのままの御助けくださるじゃ」
それを聞いた同行はあれこれ申すと、
一蓮院、「そのままの御助けくださるのじゃ」
まだわからぬ同行はいろいろと申しましたが、
一蓮院、「そのままの御助けくださるのじゃ」
と申され引き下がったそうです。

法語②

自らつくづく思ふに私一人の私一人の語、まことに味わいあり。五劫思惟の御苦労、私一人がため也。仏の可愛い可愛いと思ふてくださるるも私一人がため也。御浄土を建立してまち給ふも私一人のため也。

私は私一人を一人子の如く思ふてくださるる大慈の御まことを今日より死ぬるまで歓びたきこと也。阿弥陀様を唯一人の親の如く思ふべき也。「一子のごとく憐念す」の御語。あらあらありがたや、うれしや、かたじけなや。私一人ということを忘れぬやうにしてくれよわが心。一人たりともいふ一人は私のことと思へと人にたいしてはいひたりしにあらずや。なぜわが心よさは思はざりしぞ。しかし私一人と思ふたらさみしかろうが、さみしがらずに思ふてくれよわが心。

南無阿弥陀仏を称ふれば、十方無量の諸仏は、百重千重囲繞して、よろこびまもりたまふ也。また、煩悩にまなこさへられて摂取の光明みざれども、大悲ものうきことなくてつねにわが身をてらすなり。ありがたや、一人子を一人でおき給はぬが、親の御慈悲なりけり。

法語③

夜だと思ふて夜になったのではない。夜のほうから知らせてくだるのじゃ。今御助けくださると思ふたで御助けくださるのではない。あなたが御助けくだれるので助けられるのじゃ。

法語④

仰せだけで安心せよ。仰せを聞いて、それをわが機へもどして安心しようと思ふのは、深く弥陀をたのんだのでない。仰せだけで安心してしまふのが弥陀をたのんのじゃ。多くの人は聞くに心を尽くさず、心に心を尽くしておるものばかりじゃ。

法語⑤

たのむばかりの御助けを心得たりとも、助かるまじきものを助けたまふ本願の尊さの知れざる人はなはだ多し。世上の学者多くしかりなり。我もまたその一人なり。

真宗伝道余話

蓮如と一休

(1)　蓮如がタノム一念をすすめて、多くの人がお念仏の教えを信じていました。しかし、なかには「もしも、阿弥陀さまにほんとうのお慈悲があるならば、タノム人もタノマヌ人もお救いになればよいはずである。タノムものを救いタノマヌ人を救わないというのであれば、ほんとうのお慈悲とはいえないではないか」と不審をいだいている人もありました。そこで一休が次のような歌をおくって質問をしました。

阿弥陀にはまことの慈悲はなかりけり
　たのまぬものはたすけたまわじ

というものです。それをみた蓮如は、

阿弥陀にはへだつるこころなけれども
蓋《ふた》ある水に月はやどらじ

武蔵野の葉ごとに月は宿れども
露なき草に月は宿らじ

という歌を返したと伝えられています。阿弥陀仏の浄土に往生するのには疑蓋無雑《ぎがいむざつ》・明《みょう》信仏智《しんぶっち》と本願を疑惑する疑いの蓋《ふた》がとれて、如来のお慈悲の月の光が私たちの心に入り満ちてくださるばかりにて往生ができるのです。また、月はひとしくすべての草木の葉づえに宿り照るのですが、露のない草木には月影の宿るべき縁がありませんから月影は照り映えません。すべての人々を救うのが阿弥陀さまのお慈悲ですが、タノムという露のないものにはたすけるべき縁がないという意味でしょう。

(2) 一休が蓮如に、

身のあかはゆみづをもつてきよむべし
心のあかはなんできよめん

と問いかけました。すると、蓮如は、

そのあかは一切経のしぼり汁

南無阿弥陀仏でおとしこそすれ

と返歌しました。一休はあまりのありがたさに、「これはまあ、どうしたありがたいことであろう」と感激しました。するとさらに、

その垢《あか》はわれにおとせの世話いらず

おとしてくれる弥陀にまかせよ

と歌われたと伝えられています。阿弥陀如来さまは私の煩悩をまるまるかかえとってくださる仏さまですから、私はこのままながらのおたすけであります。

(3)

一休の草庵の庭の片隅に一本の曲がりくねった松の木がありました。一休が「この松をまっすぐに見よ」という立て札をだしました。この立て札が評判になりたくさんの人が集まってくるのですが誰一人としてまっすぐに見る人はありませんでした。数日が経ったある日に一人の行脚僧が立て札のかたすみに、「曲がれる松をまっすぐに見れば曲がれる松なり」と書き入れて立ち去りました。立て札を見た一休はわが意を得たりとい

うふうに笑い、「蓮如がやったわい」と言いました。一休にはその書き手が一目で蓮如であることがわかったのです。

白隠禅師と念仏者妙信

(1)

白隠禅師《はくいんぜんじ》といえば知らぬ人はいないほど有名な僧侶です。身は禅宗にありながらひそかに他力真宗の信仰を味わっていた人です。ある時に禅師は多数の雲水に「隻手《そうしゅ》の声を聞く」という有名な公安を課題にだしました。大勢の雲水はしきりに考えていますが、一向に答えがでてきません。その時に妙好人として名が通っていた妙信尼がこの様子を障子の後でながめていたのですが、思わず笑い出してしまいました。これを見た雲水たちは激怒して、「なんという無礼な尼であるか。笑うくらいならお前から解いてみよ」と口々に騒ぎだしました。すると妙信は即座に、

片手にも声あればこそ招かれて
　弥陀の浄土にまいる妙信

と詠みました。これを聞いた白隠禅師はハタと手をうって、「隻手の声が聞こえたのはお前一人じゃ」と誉めました。そして、「隻手の声が聞こえたうえには、御礼報謝には両手が必要じゃろう」と言って、

招かれて弥陀の浄土にまいる身は
　両手あはせて南無阿弥陀仏

と詠んだと伝えられています。

(2) 白隠禅師と妙信尼が再会したことがありました。その時にも妙信はお念仏ばかりを称えていました。そこで、次のような会話が二人のあいだで交わされたそうです。

「妙信さん、お前は南無阿弥陀仏・南無阿弥陀仏とばかり口に称えているが、それはなんのまじないであるのかいな」

「はい、これはお浄土まいりのまじないでございます」

「そのまじないは誰の発明かいなあ」

「これは阿弥陀如来さまの発明でございますよ」

「その阿弥陀如来さまはいつもお浄土にござるのかいなあ」

「いいや始終旅行ばかりをしておられます」

「この頃はどの辺に旅行しておいでなるのかいなあ」

「それは私の胸の中でございます。」

「そうかい、そうかい。それじゃ、何か証拠でもあるかいなあ」

「ありますとも、ありますとも。南無阿弥陀仏・南無阿弥陀仏。これが何よりの証拠でございます」

この答えを聞いた白隠は、妙信尼のあまりのあか抜けした答弁にしばらく感心しました。

そして、

「妙信さん、お前は歳はいくつになるのかいな」

「阿弥陀さまと同い年でございます」

「では阿弥陀さまは何歳になられたのかいなあ」

「私と同い年でございます」

「お前さんと同い年の阿弥陀さまは、何歳になられたと聞いているのじゃあ」

そこで妙信は両目からハラハラと涙をこぼしながら、

「弥陀成仏のこのからは、今に十劫を経たまへり。十劫以来の古き仏さまが阿弥陀如来さまで、十劫暁天のそのときから、あけてもくれても待ち通しに待っていてくださいます」

と答えたので、白隠はついにたまりかねて、「お前にはさすがのわしも閉口」といって、

袈裟衣かけし坊主はさもなくて
はだかの尼にさとりしもあり

と歌ったと伝えられています。

著者紹介

鎌田宗雲（かまだ　そううん）

1949年岡山県に生まれる

龍谷大学卒業

現在　浄土真宗本願寺派報恩寺住職

中央仏教学院講師など

著書　『御文章解説』『阿弥陀仏と浄土の理解』

『御伝鈔講讃』『親鸞の生涯と教え』

『蓮如上人に学ぶ』『蓮如上人と御文章』

『四幅の御絵伝の説明』『みんなの法話』（共著）

『別冊太陽　親鸞』（共著）『命をよぶ声』

『たった一度の人生だから』など

住所　〒529-1213 滋賀県愛知郡愛荘町沖271

真宗伝道の教材

2015年２月20日　印刷
2015年２月28日　発行

著　者　鎌田宗雲

発行者　永田　悟　京都市下京区花屋町通西洞院西入

印刷所　図書印刷 同朋舎　京都市下京区壬生川通五条下ル

発行所　創業慶長年間 永田文昌堂　京都市下京区花屋町通西洞院西入
電　話（075）371-6651
FAX（075）351-9031

ISBN978-4-8162-6229-6 C1015